YOGA: THE SCIENCE OF THE SOUL

パタンジャリのヨーガ・スートラ

魂の科学

OSHO

YOGA: THE SCIENCE OF THE SOUL

by Osho

The material in this book has been selected
from a series of one hundred talks given by Osho
under the title "Yoga: The Alpha and the Omega."

魂の科学

もくじ

Chapter 1　今から、ヨーガの訓練について ……………………7
Now the Discipline of Yoga

Chapter 2　心は五つの形をとる ……………………………47
The Five Modifications of the Mind

Chapter 3　持続的な努力が鍵となる ………………………97
Constant Effort is the Key

Chapter 4　八つの段階 ……………………………………141
The Eight Steps

Chapter 5　坐法と呼吸 ……………………………………185
Posture and Breath

Chapter 6　高速車線のヨーガ（質疑応答） ………………231
Yoga in the Fast Lane

あとがき ……………………………………………………299
著者について ………………………………………………300

扉写真：Robert Kowalczyk

Chapter 1

今から、ヨーガの訓練について

Now the Discipline of Yoga

今から、ヨーガの訓練について。
ヨーガとは心を止滅させることだ。
そのとき観照者は本来の姿にとどまる。
その他の状態では、心のとる形に同化している。

私たちは深い幻想のなかに生きている。
希望、明日、未来という幻想のなかに。
人はそのままでは、自分を騙さずには存在することができない。
ニーチェはどこかで、人は真実とともに生きることはできないと言っている。人は存在するために夢を必要とし、幻想を必要とし、嘘を必要とする、と。
そしてニーチェは正しい。
人はそのままの状態では、真実とともに存在することはできない。
これはとても深く理解されなければならない。
というのも、それを理解しないかぎり、ヨーガと呼ばれる探求に入っていくことはできないからだ。
心《マインド》が深く理解されなければならない——嘘を必要とする心、幻想を必要とする心、現実とともに存在することができない心、夢を必要とする心が。
あなたは夜のあいだだけ夢を見るのではない。
起きているときでさえ、あなたは絶えず夢を見ている。
こうして私を見ていても、私に耳を傾けていても、
あなたのなかでは夢の流れが続いている。
心は絶えず夢、イメージ、空想をつくりだしている。
今や科学者たちは、人は眠らなくても生きていけるが、
夢を見ないと生きていけないと言っている。
以前は睡眠が必要不可欠なものと考えられていたが、最近の研究によると、睡眠はじつは必要不可欠のものではない。
睡眠はただ夢を見るために必要なのだ。
夢こそ必要不可欠なものだ。
もしあなたが眠ることは許されても夢を見ることを許されなかったら、明日の朝、すっきりさわやかに目覚めることはできない。

一睡もできなかったかのように、あなたは疲れを感じる。
夜のあいだに異なった周期がある。
熟睡の周期と夢を見ている周期が。
そこにはひとつのリズムがある。
昼と夜のように、ひとつのリズムがある。
最初、あなたは40分から45分間、深い眠りに落ちる。
それから夢の周期が始まり、あなたは夢を見る。
次にまた夢を見ない眠りがあって、次にまた夢見がある。
一晩中これがくり返される。
熟睡して夢を見ていないときに眠りが妨げられても、
あなたは朝なにか物足りないような感じはしない。
しかし、夢を見ているときに、その夢が妨げられると、
あなたは朝すっかり疲れ、消耗している。
今では、これは外側からでも知ることができる。
だれかが眠っているとき、その人が夢を見ているか眠っているか確かめることができる。
その人が夢を見ていたら、まるで目を閉じたままなにかを見ているように、その目は絶えず動いている。
ぐっすりと眠っていたら、その目は動かない。
それは止まっている。
だから、目が動いているときに眠りが妨げられると、
あなたは朝起きて疲れを感じる。
目が動いていないときに眠りが妨げられても、
朝起きたときになにか物足りない感じはしない。
多くの研究者が証明したのは、人の心は夢を糧とし、夢は必要不可欠なものであり、夢は完全な自動幻想だということだ。
しかもこれは夜に限ったことではない。

起きているときも同じパターンが続いている。
昼のあいだでさえ、それに気づくことができる。
あるときは心のなかを夢が漂っているし、
あるときはそこに夢はない。
そこに夢があるとき、あなたはなにかしているかもしれないが、いわば上の空の状態だ。
内側のことであなたは手一杯だ。
例えば、あなたはここにいる。心が夢の状態を経験していたら、あなたは私の言うことを聞いているようで聞いていない。
なぜなら、心は内側のことで手一杯だからだ。
夢を見る状態にないときだけ、
あなたは私の言うことを聞くことができる。
昼も夜も、心は夢を見ない状態から夢を見る状態へ、
夢を見る状態から夢を見ない状態へと揺れ動いている。
これは内なるリズムだ。
私たちはつねに夢を見ているだけでなく、
実生活でも未来に希望を投影している。
現在はほとんどつねに地獄だ。
それに耐えられるのは、ひとえにあなたが未来に希望を投影しているからだ。
明日があるから今日を生きていることができる。
あなたは明日にはなにかが起きる、明日には楽園への扉が開くと期待している。それが今日開くことはけっしてない。
そして明日が来るときには、それは明日としてやって来ない。
それは今日としてやって来る。
だが、そのときにはすでに、あなたの心はさらに先へと進んでいる。
あなたはいつも自分自身の先を進んでいく——

夢を見るとはそういうことだ。
あなたは現実のもの、近くにあるもの、今ここにあるものといっしょにいない。あなたはどこか別のところにいる。
先を進み、先へ跳んでいる。
そしてその明日に、その未来に、
あなたはいろいろな名前をつけている。
人びとはそれを「天国」と呼び、ある人たちはそれを「モクシャ(解脱)」と呼ぶが、それはいつも決まって未来にある。
ある人は豊かな暮らしのことを考えているが、
その豊かな暮らしは未来にしかない。
ある人は楽園のことを考えているが、
その楽園はあなたが死んだあと、ずっと先の未来にしかない。
あなたはないもののために現在をほったらかしにしている。
夢を見るとはそういうことだ。
あなたは今ここにいることができない。この瞬間にいるということ、それはとても難しいことのように思える。
あなたが過去に入ることができるのは、それもやはり夢を見ること、もはやないものの記憶や思い出だからだ。
あるいはあなたは未来に入ることもできるが、未来とは投影であり、それもやはり過去からなにかをつくりだすことだ。
未来とはもう一度投影された過去にほかならない。
もっと鮮やかで、もっと美しく、もっと楽しげだが、それは磨きがかかった過去だ。
あなたは過去のことしか考えることができない。
未来とはもう一度投影された過去にほかならない。
そしてどちらも存在しない！
現在があっても、あなたはけっして現在にはいない。

夢を見るとはそういうことだ。
そして、人は真実とともに生きることはできない、と言ったニーチェは正しい。
人は嘘を必要とし、嘘から嘘へと生きている。
私たちはよく真実を知りたいと言うが、だれも本当に知りたがってはいない、とニーチェは言う。
私たちのいう真実とは嘘、美しい嘘にすぎない。
だれも裸の現実を見ようとはしない。

この心がヨーガの道へと入ることはできない。
なぜなら、ヨーガとは真実を明かすための方法論だからだ。
ヨーガは夢を見ない心に達するための方法だ。
ヨーガは今ここにあるための科学だ。
ヨーガとは、今やあなたは未来に入り込まないということだ。
ヨーガとは、今やあなたは期待したり、自分の存在の先へと跳んだりはしないということだ。
ヨーガとは、ありのままの現実に直面するということだ。

だから、自分のあるがままの心に完全に失望して初めて、
あなたはヨーガまたはヨーガの道へと入ることができる。
いまだに心を通じてなにかが得られると期待しているなら、
ヨーガはあなたには向いていない。
完全な失望が、ひとつの啓示が必要だ——
この投影する心はむなしい、期待する心は愚かしく無益だという。
それはただあなたの目を閉じさせる。
それはあなたを酔っぱらわせる。
それはあなたに現実が明かされることを許さない。

それはあなたを現実から守っている。
あなたの心は麻薬のようなものだ。
それはあるがままのものに対立している。
だから、自分の心に、自分の在り方に、自分の今日までの生き方に完全に失望しないかぎり……。
それを無条件に落とせるなら、あなたは道に入ることができる。

興味を示す者は多いが、道に入る者はとても少ない。
あなたの興味は心に由来するものかもしれない。
あなたは期待しているのかもしれない。
ヨーガを通じてなにかが得られるのではないか、と。
だが、達成への動機がそこにある——
ヨーガによって完璧になれるかもしれない、完璧な存在の至福の境地に達することができるかもしれない。
宇宙とひとつになれるかもしれない、光明を得られるかもしれない……そのためあなたはヨーガに興味を持ったのかもしれない。
それが、あなたが興味を持った理由なら、あなたとヨーガの道の出会いは起こらない。あなたは全面的にそれに対立し、まったく違った方向へと進んでいる。

ヨーガとは、もはや希望はない、もはや未来はない、もはや欲望はないということだ。
人はあるものを知る用意ができている。
人はありうるもの、あるべきもの、あるはずのものには興味がない。まったく興味がない！
人はあるものにしか興味がない。
というのも、本当のものだけがあなたを解き放つからだ。

現実だけが解放をもたらしてくれる。
完全に絶望するしかない。
この絶望をブッダは「ドゥッカ」と呼ぶ。
あなたが本当に不幸せなら、希望を抱いてはいけない。
というのも、希望は不幸を長引かせるだけだからだ。
希望は麻薬のようなものだ。
それはあなたを死へと至らしめるだけだ。
希望というものは、あなたを死へと案内することしかできない。
すでに案内している。
完全に絶望しなさい。未来もなく、希望もなく。
それは難しい。現実に直面するには勇気がいる。
だが、いずれだれにもそのようなときがやって来る。
完全に望みを失ってしまう瞬間が、あらゆる人間にやって来る。
人はとてつもないむなしさに襲われる——なにをしてもむだだ、どこに行ってもどこにも行き着かない、ということに気づいたときに。人生はまったく無意味だ。
突然、希望が落ち、未来が落ち、初めてあなたは現在に同調する。
初めてあなたは現実に直面する。
この瞬間があなたに訪れないかぎり……。

あなたはアーサナ、坐法をやりつづけるかもしれない。
それはヨーガではない。
ヨーガとは内側へと転じることだ。
それは回れ右、180度の方向転換だ。
未来に入り込まず、過去へと向かわないとき、あなたは自分自身の内側へと入っていく。
なぜなら、あなたの存在は今ここにあるからだ。

それは未来にはない。あなたは今ここにいる。
あなたはこの現実に入ることができる。
だが、そのためには心もここにいないといけない。
この経文《スートラ》、パタンジャリのこの一節が言っているのは、そのような瞬間だ。

この最初の経文について語り合う前に、いくつかほかのことも理解しておかなければならない。
まず第一に、ヨーガは宗教ではない。そのことを覚えておきなさい。
ヨーガはヒンドゥー教のものではないし、イスラム教のものでもない。
ヨーガは数学、物理学、または化学のような純粋科学だ。
物理学はキリスト教のものではないし、仏教のものでもない。
確かにキリスト教徒が多くの物理学の法則を発見したが、物理学はキリスト教のものではない。
キリスト教徒が物理学の法則を発見したのは偶然にすぎない。
物理学はひとつの科学だ。
ヨーガもひとつの科学だ。
ヒンドゥー教徒がそれを発見したのは偶然にすぎない。
それはヒンドゥー教のものではない。
それは内なる存在を扱う純粋数学だ。
だからイスラム教徒もヨーギ（ヨーガ行者）になれるし、キリスト教徒もヨーギになれるし、ジャイナ教徒も、仏教徒もヨーギになれる。

ヨーガは純粋科学であり、パタンジャリはそのヨーガの世界ではもっとも名前を知られた人だ。この人は稀有だ。

パタンジャリに肩を並べられる名前はない。
人類の歴史上初めて、パタンジャリは宗教を科学の領域へともたらした。宗教を科学、明快な法則へと転換した。
ヨーガには信仰は必要ない。いわゆる宗教には信仰が必要だ。
宗教と宗教のあいだにほかの違いはない。
その信仰が違うにすぎない。
イスラム教徒にはなんらかの信仰がある、ヒンドゥー教徒にはなんらかの信仰がある、キリスト教徒にはなんらかの信仰がある。
信仰が違うだけだ。
ヨーガには信仰に相当するものがない。
ヨーガはなにかを信ぜよとは言わない。
ヨーガは「経験せよ」と言う。
科学が実験せよと言うように、ヨーガは経験せよと言う。
実験と経験は同じものだ。方向が違っているだけだ。
実験は外側で行われる。
経験は内側で行われる。経験とは内側での実験だ。
科学は言う、「信じるな、精いっぱい疑え。
が、同時に、不信にも陥るな。不信もまたある種の信仰だ」
あなたは神を信じるかもしれない。
あるいは「神の不在」という概念を信じるかもしれない。
あなたは狂信的な態度で、神は存在すると言うかもしれない。
あるいはその正反対のことを言うかもしれない。
神は存在しない、と。同じように狂信的に！
無神論者も、有神論者も、どちらも信仰者だ。
そして信仰は科学の領域ではない。科学とはあるものの経験、あるがままの経験だ。信仰はいらない。
だから、覚えておくべき第二のこと――

ヨーガは実存的、経験的、実験的だ。
信仰は要求されない、信心は必要とされない。
経験する勇気だけ。そしてそれが欠けている。
信じることが容易なのは、信仰によってあなたは変容されないからだ。
信仰はあなたに付け加えられるもの、表面的なものだ。
あなたの存在は変わらない。
あなたはなんらかの変容を経験していない。
あなたがヒンドゥー教徒でも、翌日にはキリスト教徒になれる。
たんに、あなたは変えるだけだ。
ギーターを聖書に取り替える。それをコーランに取り替えてもいい。
だが、ギーターを手にしていた、今では聖書を手にしている、
その人が変わっていない。彼は信仰を変えた。
信仰は衣服のようなものだ。
実質的になにかが変容されるのではない。
あなたは変わっていない。
ヒンドゥー教徒を解剖し、イスラム教徒を解剖しても、彼らの内側は同じだ。
ヒンドゥー教徒は寺院に行き、イスラム教徒はその寺院を嫌う。
イスラム教徒はモスクに行き、ヒンドゥー教徒はそのモスクを嫌う。だが、内側では彼らは同じ人間だ。

信仰がたやすいのは、あなたは実質的な行為を求められないからだ——上辺の衣服、飾り、好きなときに脇に置けるものだけだ。
ヨーガは信仰ではない。
だからそれは難しく、困難で、ときには不可能にも思える。
それは実存的なアプローチだ。

あなたは信仰によってではなく、自分の経験を通じて、自分の理解によって真理へと到達する。
つまり、あなたは全面的に変わらなければならない。
あなたの現在の見解、生き方、心、精神《サイキ》は粉々に打ち砕かれるしかない。
新しいものがつくられなければならない。
その「新しいもの」が生まれて初めて、
あなたは現実と触れ合うことができる。
だから、ヨーガは死であるとともに新たな生でもある。
今のままのあなたは死ななければならない。
あなたが死なないかぎり、新しいものは生まれてこない。
新しいものはあなたのなかに隠れている。
あなたはその種にすぎず、種は落ちて土に埋もれなければならない。
種は死ななければならない。
そうして初めて新たなものがあなたのなかから現れてくる。
あなたの死が、あなたの新たな生になる。
ヨーガは死であり新たな生でもある。
死ぬ覚悟がなかったら、あなたは生まれ変わることができない。
だから信仰を変えればいいという問題ではない。

ヨーガは哲学ではない。私はそれは宗教ではないと言い、それは哲学ではないと言う。
それは、あなたが考えることができるものではない。
それは、あなたがそうあるしかないものだ。
思考は役には立たない。
思考はあなたの頭のなかで動いている。
それはあなたの存在の根に達するほど深くない。

それはあなたの全体ではない。
それは部分、実用的な部品にすぎない。
それは訓練することができる。
あなたは理路整然と議論し、合理的に考えられるようになるが、あなたのハートは変わっていない。
ハートはあなたのもっとも深い中心だ。
頭はたんなる枝だ。
頭がなくてもあなたはいるが、ハートがなかったらあなたはいない。
頭は基本的なものではない。
ヨーガはあなたの全存在、あなたの根っこに取り組む。
それは哲学的ではない。
だから、パタンジャリとかかわるとき、
私たちは考えたり、思いを巡らせたりすべきではない。
パタンジャリとかかわるとき、私たちは存在、「あること」の究極の法則を知ろうとするべきだ——存在の変容の法則、いかにして死に、いかにして生まれ変わるかの法則、存在の新しい秩序の法則を。
私がヨーガを科学と呼ぶのはこのためだ。
パタンジャリは希少だ。
彼はブッダのように、クリシュナのように、キリストのように、マハヴィーラ、ムハンマド、ツァラツストラのように光明を得た人だ。
だが、彼はある面で異なっている。
ブッダ、クリシュナ、マハヴィーラ、ツァラツストラ、ムハンマド——ひとりも科学的な態度を備えていない。
彼らは宗教の偉大な創始者で、人間の心とその構造の全パターンを変革したが、彼らのアプローチは科学的ではない。
パタンジャリは覚者《ブッダ》の世界のアインシュタインのようなものだ。

彼は並外れた人物だ。
彼ならアインシュタインや、ボーア、マックス・プランク、ハイゼンベルクのようにたやすくノーベル賞を手にしただろう。
彼は同じ姿勢、同じ厳密な、科学的なアプローチをとる。
彼は詩人ではないが、クリシュナは詩人だ。
彼はモラリスト（道徳家）ではないが、マハヴィーラはモラリストだ。
彼は基本的に法則という観点から考える科学者だ。
そして彼は最後には人間存在の絶対法則、人間の心と現実《リアリティ》の究極の作業構造を導き出した。
そしてパタンジャリに従うなら、彼は数式のように厳密だということがわかる。
彼の言うとおりにやれば、その結果が現れる。
必ずその結果が現れる。
２たす２が４になるように。
水を沸点まで熱したら蒸発するように。
信仰はいらない。
それをやりさえすれば、あなたにもわかる。
それはやってみればわかることだ。
肩を並べる者がいない、と私が言うのはそのためだ。
この世界に、パタンジャリのような人が存在したことはなかった。
ブッダの言説には詩的なものが見られる。
必ずと言っていいほどある。
所説を述べているときも、ブッダはしばしば詩的になる。
歓喜《エクスタシー》の領域、究極の知の領域はあまりにも美しく、詩的になりたいという誘惑はとても大きい。
それほどの美しさ、それほどの祝福、それほどの至福のために、人は詩的な言葉で語りはじめる。
だが、パタンジャリはそれに抵抗する。
それはとても難しい。だれもそれに抵抗できなかった。
イエス、クリシュナ、ブッダ、彼らはみんな詩的になった。
その輝かしさ、その美しさ、それが自分のなかで爆発するとき、
あなたは踊りだし、歌をうたいはじめる。
その状態にあるとき、あなたは全宇宙と恋に落ちた人のようだ。
パタンジャリはそれに抵抗する。
彼は詩的な表現をしようとしない。
詩的な象徴をひとつさえ使おうとしない。
彼はなにごとも詩的な流儀でやらない。
彼は美の観点から語らない。
彼は数学の観点から語る。
彼は厳密であり、あなたに行動原理をさし示す。
こういった行動原理はなにをなすべきかの示唆にすぎない。
彼は歓喜へと爆発しない。
彼は言いえないことを言おうとしない。
彼は不可能なことをやろうとしない。
彼はただ基本を提示し、その基本に従うなら、あなたは彼方の頂へと到達する。
彼は厳密な数学者だ。
それを覚えておきなさい。

最初の経文——

今から、ヨーガの訓練について。

パタンジャリはなにひとつ不要な言葉を使わないから、ひとつひとつの言葉を理解していかなければならない。

今から、ヨーガの訓練について。

最初に、この「今から《ナウ》」を理解してみよう。
この「今」は、私がこれまで話してきた心の状態をさし示している。
あなたが幻滅しているなら、あなたが絶望しているなら、あなたが欲望のむなしさを思い知らされているなら、人生の無意味さがわかっているなら……。
今日までやってきたことがことごとく灰塵に帰し、未来になにも残っていないとき、あなたは底無しの絶望の淵にある。
キルケゴールが「苦悩」と呼ぶもののなかに。……あなたが悩み、苦しみ、どうしていいかわからず、どこへ行ったらいいかのわからず、だれに聞いたらいいのかわからず、狂気、自殺、死の瀬戸際に立たされ、人生の全パターンが不意に意味のないものになってしまったなら……。この瞬間がやって来ているなら、**今から、ヨーガの訓練について**話そう、とパタンジャリは言う。
今なら、あなたにも理解できる、ヨーガの科学、ヨーガの訓練が。
その瞬間がやって来ていないなら、ヨーガを学びつづけたところで、偉大な学者になったとしても、あなたはヨーギではない。
あなたはそれについて学位論文を書くかもしれない、それについて講義をするかもしれないが、あなたはヨーギではない。
あなたにはその瞬間が来ていない。
あなたは知的な興味を持つかもしれない。
頭《マインド》を通じてヨーガとかかわることはできる。
だが、訓練でないヨーガなど無価値だ。

ヨーガはサストラ（学術書）ではない。それは教典ではない。
それは訓練だ。あなたがしなければならないものだ。
それは好奇の対象ではない。それは哲学的思索ではない。
それよりもっと深いものだ。
それは生か死かの問題だ。
その瞬間がやって来ているなら……右も左もわからなくなり、すべての道が途絶え、未来は暗く、すべての欲望が苦々しいものになり、欲望を通じて得られたのは失望だけ、希望と夢へと向かう心の動きが完全に止まっているなら——
今から、ヨーガの訓練について。
この「今」がやって来ていないのかもしれない。
私がヨーガについて語りつづけたとしても、あなたは聞こうとはしない。
その瞬間が内側にあるとき初めて、あなたは聞くことができる。
あなたは本当に不満なのだろうか？
だれもが「はい」と答えるが、その不満は本物ではない。
あなたはこれに不満で、あれに不満かもしれないが、完全に不満ではない。
あなたはまだ望みを捨てていない。
過去にあった望みゆえに不満だが、未来にいまだ望みをつないでいる。
あなたの不満は全面的なものではない。
あなたはなんらかの満足をどこかに、なんらかの成就をどこかに、いまだ探し求めている。
あなたはときどき絶望するが、その絶望は本物ではない。
あなたが絶望したのは、いくつかの望みがかなわなかったから、いくつかの望みが断たれたからだ。

だが、いまだに望んでいるし、望むことが終わってはいない。
あなたはいまだに望みを抱く。
この望みやあの望みは断たれても、望みそのものが断たれてはいない。望みそのものが断たれたなら、その瞬間がやって来ている。
あなたはヨーガに入ることができる。
そのとき、この参入は心的、思索的な現象へと入ることではない。
この参入は訓練への参入だ。
訓練とはなにか？
訓練とはあなたのなかに秩序をつくることだ。
今のままだと、あなたは混乱状態《カオス》だ。
今のままだと、あなたは完全に無秩序だ。
ジョージ・グルジェフはよく言った――
グルジェフは多くの点でパタンジャリと似ている、
彼もまた宗教の核心を科学にしようとした――
グルジェフは言う、あなたはひとりではない、
あなたは群衆だ、と。
たとえあなたが「私」と言おうと、そこに「私」はいない。
あなたのなかにはたくさんの「私」が、たくさんの自我がある。
朝にはひとつの「私」が、午後には別の「私」が、夕方には第3の「私」がいる。
だが、あなたはこの混乱にまったく気づいていない。
というのも、だれがそれに気づくのか？
気づきうる中心がない。
ヨーガが訓練であるのは、ヨーガがあなたのなかに結晶化した中心をつくりだそうとするからだ。
今のままでは、あなたは群衆だ。
そして群衆には特有の現象がいくつかある。

ひとつには、群衆は当てにならない。
グルジェフはよく言った。人は約束できない、と。
だれが約束するのか？
そこにあなたがいない！
あなたが約束しても、だれがその約束を守るのか？
翌朝には、約束をしたその人がいない。
人びとが私のところへやって来て、言う、
「では、私は誓います。これをやると約束します」
私は彼らに言う、
「なにか約束する前に、よく考えてみなさい。次の瞬間、約束をした人がそこにいるか、あなたは確信を持てるかね？」
あなたは早起きしよう、明日からやろう、4時に起きようと決意する。
ところが、4時になると、あなたのなかのだれかが言う、
「やめとけ。外はとても寒いぞ……どうしてそんなに急ぐんだ？また明日やればいいさ」
あなたはまた眠ってしまう。
目を覚ますと、あなたは後悔し、こう考える、
「こんなことではだめだ。ちゃんとやればよかった」
あなたはまた決意する、「明日は必ずやるぞ」
そして明日にも同じことが起きる。
というのも、朝の4時には、約束したその人がいないからだ。
ほかのだれかが椅子に座っている。
あなたはロータリー・クラブのようなものだ！
議長が次々と交代する。すべての会員が交替で議長になる。
次から次へと別の人が主人になる。
グルジェフはよく言った、

「人間の最大の特徴は約束できないことだ」
あなたは約束を守ることができない。
あなたは次々と約束するが、自分でもよくわかっている、
そんなことを守ることはできない、と。
それはあなたがひとりではないからだ。
あなたは無秩序で、混乱している。
そのため、パタンジャリは言う、

今から、ヨーガの訓練について。

あなたの人生が惨めさのどん底にあるなら、なにをやっても地獄になってしまうとわかっているなら、その瞬間がやって来ている。
この瞬間は、あなたの次元、あなたの存在の方向を変えることができる。
今まで、あなたは混乱《カオス》として、群衆として生きてきた。
ヨーガとは、今やあなたは調和になるべきだ、ひとつになるべきだということだ。
結晶化が必要だ。中心に据わらないといけない。
そして中心を獲得しなければ、あなたのすることはすべてむだになってしまう。
生命と時間の浪費だ。
最初に必要なのは中心であり、中心のある人しか至福を味わうことができない。
だれもが至福を求めているが、それを求めることはできない、
あなたはそれを稼ぎ取らねばならない！
だれもが存在の至福の境地を切望しているが、中心だけが至福に満ちることができる。

群衆は至福に満ちることができない、群衆には自己がない。
だれが至福に満ちるのか？
至福とは完璧な静寂であり、静寂は調和があって初めて可能となる。すべての調和を乱していた断片がひとつになり、群衆がいなくなり、ひとりしかいないとき。家のなかには自分ひとりがいて、ほかにはだれもいないとき、あなたは至福に満ちている。
たった今、あなたの家にはほかのみんながいて、あなたがいない。
客だけがいる。主人がつねに不在だ。
そして至福を味わえるのは主人だけだ。
この中心に据わることを、パタンジャリは訓練、「アヌシュアーサナム」と呼ぶ。
この「訓練(discipline)」という言葉は印象的だ。
それは「弟子(disciple)」という言葉と同じ語源から来ている。
訓練とは、学びうる能力、知りうる能力だ。
だが、いまだ在ることができないなら、あなたは知ることができないし、学ぶことができない。

あるとき、ある人がブッダのところへやって来て、こう言った。
彼はきっと社会改革家、革命家だったのだろう。
彼はブッダに言った、
「この世界は苦しみに満ちています。あなたのおっしゃるとおりです」
だが、ブッダはこの世界は苦しみに満ちているとは言わなかった。
ブッダは世界ではなく、あなたがその苦しみだと言う。
世界ではなく、人生がその苦しみだ。
世界ではなく、人間がその苦しみだ。
世界ではなく、心がその苦しみだ。
だが、その革命家は言った、

「この世界は苦しみに満ちています。あなたのおっしゃるとおりです。ですから、教えていただきたいのですが、私になにができるでしょうか？　私には深い慈悲心があって、人類に奉仕したいのです」
奉仕が彼のモットーだったのだろう。
ブッダは彼を見て、なにも言わずに黙っていた。
ブッダの弟子のアナンダが言った、
「この人は真剣なようです。教えてあげてください。どうして黙っているのですか？」
するとブッダはその革命家に言った、
「あなたは世界に奉仕したいと言うが、そのあなたはどこにいるのか？　内側にはだれもいないようだ。あなたのなかを見ても、そこにはだれもいない。あなたには中心というものがない。中心が据わっていなければ、あなたがなにをしようと、さらなる災いが生じるだけだ」
世の中の社会改革家、革命家、指導者たち、彼らはみんな大きな害悪をもたらす人たちだ。
指導者たちがいなければ、世界はもっと良くなっていただろう。
だが、彼らは自分を抑えきれない。
世界は苦しみに満ちている、だからなにかせずにはいられない。
そして彼らは中心が定まっていないから、なにをやっても、さらなる苦しみをつくりだす。
慈悲心だけでは助けにならないし、奉仕だけでは助けにならない。
中心が定まった存在からあふれ出す慈しみはまったく異なるものだ。
群衆から出てくる慈悲心は有害だ。その慈悲心は有毒だ。

今から、ヨーガの訓練について。

訓練とは、いかにして在るか、いかにして知るか、いかにして学ぶかということだ。
この三つのことを理解しなければならない。
いかにして在るか——
ヨーガのすべての坐法は、じつは体とはかかわっていない。
それはいかにして在るかとかかわっている。
体を動かさず何時間も静かに坐っていられたら、あなたはいっそう在ることができるようになる、とパタンジャリは言う。
なぜ動いてしまうのだろう？
あなたはほんの数秒でさえ動かずに坐っていられない。
体が動きだしてしまう。
どこかが痒くなり、足がしびれ、いろんなことが起こってくる。
これらのことは、あなたが動くための口実にすぎない。
あなたは主人ではない。
あなたは体に「今から１時間じっとしていろ」とは言えない。
体はすぐに反抗する！
すぐにそれはあなたを動くよう、なにかをするよう強いる。
しかも言い訳をする——
「動け、虫が刺してるぞ」
ところが、いくら探しても虫などいない……。
あなたは存在（being）ではない。あなたは震えだ。
途切れることのない、熱病のような活動だ。
パタンジャリのアーサナ、坐法はじつはどのような生理的な訓練ともかかわっていない。内なる存在の訓練とかかわっている。
ただ在ることだ——
なにもせず、いっさい動かず、どのような活動もなく。

ただとどまるがいい。
この「とどまる」ことが中心に据わるのを助ける。
ひとつの坐法にとどまることができたら、体は召使になる。
それはあなたに従う。
そして体が従うようになると、あなたはいっそう確かな存在を内側に持つようになる。いっそう強い存在を内側に。
そして覚えておくこと、体が動いていなければ、
あなたの心も動くことはできない。
というのも、心と体は二つのものではないからだ。
それらはひとつの現象の二つの極だ。
あなたは体と心ではない。
あなたは「身心（body-mind）」だ。
あなたの存在は精神身体的《サイコソマティック》だ——体と心の両方だ。
心は体のもっとも微妙な部分だ。
またその反対も言える。
体は心のもっとも粗雑な部分だ。
だから体に起こることはすべて心にも起こるし、その逆もまたしかり、心に起こることはすべて体にも起こる。
体が動くことなく、あなたがある坐法をやりとげられたなら——
体に「静かにしていろ」と言うことができたなら——
心も静かにしている。
実際には、心が動きはじめて体を動かそうとする。
というのも、体が動いたら、心も動くことができるからだ。
動かない体のなかでは、心も動けない。
心には動いている体が必要だ。
体が動かなければ、心も動かなくなり、あなたは中心に据わる。
この不動の坐法はただの生理学的なトレーニングではない。

それは中心への定着が起こる、あなたが訓練される、ある状況をつくりだす。
あなたが在るとき、中心に据わっているとき、在るとはなにかがわかっているとき、あなたは学ぶことができる。
なぜなら、そのときあなたは謙虚になり、明け渡すことができるからだ。
偽りの自我はあなたにまとわりついていない。
というのも、いったん中心に据わったら、自我はすべて偽りのものだとわかるからだ。
あなたは平伏することができる。そのとき弟子が誕生する。
弟子とは探求者だ、彼は群衆ではない、
中心に据わろう、結晶化しようとしている。
少なくとも試みている、努力している、真剣に努力している。
個人になろう、自分の存在を感じよう、
みずからの主人になろうと。
すべてのヨーガの訓練は、あなたを自分自身の主人にしようとする試みだ。
今のままでは、あなたは多くの多くの欲望の奴隷にすぎない。
多くの多くの主人がいて、あなたはただの奴隷だ。
そしてたくさんの方向へと引っぱられている。

今から、ヨーガの訓練について。

ヨーガは訓練だ。
それは自分自身を変えようとする、あなたの側からの努力だ。
ほかにも多くのことが理解されなければならない。
ヨーガは療法《セラピー》ではない。

西洋では今や多くの心理学的な療法がもてはやされ、西洋の心理学者たちの多くはヨーガもまた療法だと考えている。
それは違う！　ヨーガは訓練だ。
その違いとはなにか？
その違いとはこれだ——療法はあなたが病気のときに必要とされる。
療法はあなたが病んでいるときに必要とされる。
療法はあなたが病的なときに必要とされる。
訓練はあなたが健康であっても必要とされる。
じつのところ、訓練はあなたが健康であって初めて助けとなる。
それは病的なケースのためのものではない。
ヨーガは少なくとも医学的に見てまったく健康な人たち、正常な人たちのためのものだ。
彼らは分裂症（統合失調症）的ではなく、狂ってはいないし、神経症的ではない。
彼らは特にこれといった病気のない健康な人たち、正常な人たちだ。
それでもなお、彼らは気がついた。
「正常」と言われるものが愚にもつかないものであり、「健康」と言われるものがなんの役にも立たないものだということに。
それ以上のなにかが必要だ。
もっと優れたなにかが必要だ。
もっと全体的ななにかが必要だ。
療法は病気の人たちのためのものだ。
療法はあなたがヨーガにまで到ることを助けられるが、ヨーガは療法ではない。
ヨーガはもっと高いレベルの健康、異なったレベルの健康を目指す——異なった種類の存在と全体性を。

療法は、せいぜいのところ、あなたを順応させるだけだ。
私たちは大したことはできない、とフロイトは言う。
あなたを社会に順応的な、社会の普通の成員にすることはできる——が、その社会そのものが病んでいるとしたら、どうしたらいいだろう？
そして実際にそうだ！　社会そのものが病んでいる。
療法は社会への順応という点で、あなたを正常にできるが、
社会そのものが病んでいる。
だから病んだ社会では、ときに健康な人が病気とみなされることもある。
イエスのような人は病気とみなされて、彼を順応させるためにあらゆる試みがなされる。
そして手の施しようがないとわかると、彼は磔にされてしまう。
打つ手はなにもない、この男は治しようがないとわかると、
彼は磔にされる。
社会そのものが病んでいるのは、社会があなた方の集合にほかならないからだ。
そのメンバー全員が病気なら、その社会もまた病気だ。
そして成員ひとりひとりが、それに順応しなければならない。
ヨーガは療法《セラピー》ではない。
ヨーガはあなたを社会に順応させようとなどしない。
ヨーガをあえて順応という言葉で定義するなら、それは社会への順応ではなく、実在そのものへの順応だ。それは全体への順応だ。
だから、正真正銘のヨーギが、あなたの目には狂っているように見えることがある。
彼は正気を失っているように、心を失っているように見える。
なぜなら、彼は今やより高い心、より高い事物の秩序に触れてい

るからだ。
彼は宇宙的な心に触れている。それはいつでもそうだった――
ブッダ、イエス、クリシュナのような人たちはつねにどことなく風変わりに見えるものだ。
彼らは私たちに属してはいない。彼らはよそ者のように見える。
彼らがアヴァターラ、部外者と呼ばれるのはそのためだ。
彼らは別の惑星からやって来たかのようだ。
彼らは私たちには属していない。
彼らはもっと気高いかもしれない、もっと善良かもしれない、もっと神々しいかもしれないが、私たちには属していない。
彼らはよそからやって来る。
彼らは人類になくてはならない部分ではない。
彼らは部外者だという印象がぬぐい去りがたくあった。
だが、それは違う。彼らこそ本当の部内者だ。
というのも、彼らは実在の深奥の核に触れているからだ。
だが、私たちの目には彼らは部外者に見える。

今から、ヨーガの訓練について。

自分が今までしてきたことはすべて無意味だった、悪ければ悪夢、良くても美しい夢にすぎなかった、とあなたの心が気づくようになると、あなたの前に修行、訓練の道が開けてくる。
その道とはなにか？
その基本的な定義は――

ヨーガとは心を止滅させることだ。

パタンジャリは数学のように厳密だ、と私は言った。
「今から、ヨーガの訓練について」というたったの一行で、彼はあなたのことは終わらせてしまう。
彼があなたのために割いたのはこの一行だけだ。
今や彼は当然のように、あなたはひとつの希望としてではなく、訓練として、今、ここの変容としてヨーガに関心があるのだとみなす。彼はその定義へと進む——

ヨーガとは心を止滅させることだ。

これはヨーガの最良の定義だ。
ヨーガはさまざまに定義されてきた。多くの定義がある。
ある定義では、ヨーガは心と全体との出合いだ。
だからそれは「ヨーガ」と呼ばれる。
「ヨーガ」とは出合うこと、結合することだ。
ある定義では、ヨーガは自我を落とすことだ。
自我はバリアーだ。
自我を落としたとたん、あなたは全体と結びつく。
前から結びついていたが、ただ自我のおかげで、自分が分離しているように見えていた。
ほかにも多くの定義があるが、パタンジャリの定義がいちばん科学的だ。
彼は言う、
ヨーガとは心を止滅させることだ。
ヨーガとは「無心」の境地だ。
この「心《マインド》」という言葉はすべてを含む——
あなたの自我、あなたの欲望、あなたの希望、あなたの哲学、あなたの宗教、あなたの教典。
「心」はすべてを含んでいる。
考えることができるものはすべて心だ。
すべての知られているもの、すべての知りうるもの、すべての理解しうるものが心のなかにある。
心の止滅とは知られているものの止滅、知りうるものの止滅だ。
それは未知へのジャンプだ。
心がないとき、あなたは未知のなかにいる。
ヨーガとは未知へのジャンプだ。
あるいは、「知りえないもの」と言ってもいい。
心とはなにか？　心はなにをやっているのか？
それはなんなのか？
ふつう私たちは心は頭のなかにあり、実体があるものだと考える。
パタンジャリは同意しない。
そして心のなかを知った人ならだれでも同意しない。
現代科学もまた同意しない。
心は頭のなかのなにか実体があるものではない。
心はたんなる機能、ただの活動にすぎない。
あなたが歩いていると、私は言う、
「君は歩いているね」
歩みとはなんだろう？
あなたが止まったら、歩みはどこにあるのだろう？
あなたが座ったら、歩みはどこへ行ってしまうのか？
歩みは実体があるものではない、それは活動だ。
だから、あなたが座っているとき、だれもこう尋ねない、
「歩みをどこへ置いたんだ？　さっきまで君は歩いていたが、その歩みはどこへ行った？」

あなたは笑うだろう。
あなたは言う、
「歩みは実体があるものではない。それはただの活動だ。僕はまた歩くことができる。歩くことができるし、止まることもできる。それは活動なんだよ」
心もまた活動だが、「心」という言葉のおかげで、実体があるように見える。
「心すること(minding)」と言ったほうがいい——
「歩み(walking)」と同じことだ。
心とは「心すること」だ。
心とは思考だ。それは活動だ。
私はよくボーディダルマを引き合いに出す——

彼は中国へ渡った。そして中国の皇帝が彼に会いに行った。皇帝は言った、「私の心はとても不安で、ひどく乱れています。あなたは偉大な賢者です。あなたをお待ちしていました。お教えください、心を安らかにするにはどうしたらいいですか」

ボーディダルマは答えた、「なにもしなくていい。まずその心を私のところへ持ってきなさい」

皇帝は意味が呑み込めなかった。彼は尋ねた、「それはどういうことですか?」

ボーディダルマは言った、「朝の四時に来なさい。まわりにだれもいないとき。ひとりで来なさい。それから、忘れず心を持ってくるようにな」

皇帝はその夜一睡もできなかった。何度やめようと思ったことか——「あの人は狂っているかもしれない。『忘れず心を持ってこい』とはどういうことか?」だが、ボーディダルマはあまりにも魅力的で、あまりにもカリスマ的だったので、皇帝は約束を破る気にはなれなかった。まるで磁石に引かれるかのように、朝の四時に、皇帝はベッドから飛び起きると、こうつぶやいた、「なにが起きるかわからないが、とにかく行ってみよう。あの人にはなにかあるような気がする。なにかあるような目つきだ。ちょっと風変わりだが、とにかく行って、なにが起きるか見てみよう」

皇帝がそこへ行くと、ボーディダルマは太い棒を手にして坐っていた。彼は言った、「そうか、来たのだな？　おまえの心はどこだ？　心は持ってきたか？」

皇帝は答えた、「妙なことをおっしゃいますね。私がここに来たのですから、私の心もここにあります。どこかに忘れてくるようなものではありません。それは私のなかにあるのです」

するとボーディダルマは言った、「よろしい。では、ひとつはっきりしたのは、心はおまえのなかにあるということだな」

皇帝は言った、「そうです、心は私のなかにあります」

ボーディダルマはそこで言った、「では目を閉じて、その在りかを探しなさい。その在りかがわかったら、すぐ私に知らせるんだ。心を安らかにしてやろう」

それで皇帝は目を閉じると、ここでもないあそこでもないと探しに探した。探せば探すほど、いっそうはっきりしてきたのは、心なんてないということ、心は活動だということだった。心はこれと特定できるような「もの」ではない。だが、それはものではないと気づいたとたんに、それを探すことのばからしさも思い知った。心はものでないなら、それについてはなにもできない。それが活動なら、その活動をしなければいい、それだけだ。それが歩みのようなものなら、歩かなければいい。

皇帝は目を開けた。彼はボーディダルマにおじぎをすると言った、「心など見つかるはずがないのです」
ボーディダルマは言った、「では、それで安らかになったのだ。いつでも不安を覚えたら、不安はどこにあるかと、内側を見てみることだ」

この見ることが心に対抗する。
見ることは思考ではないからだ。
じっと目を凝らすと、あなたの全エネルギーが、その見ることになる——それまで動きや思考になっていたエネルギーが。

ヨーガとは心を止滅させることだ。

これがパタンジャリの定義だ。
心がないとき、あなたはヨーガの状態にある。
心があるとき、あなたはヨーガの状態にはない。
だからどんな坐法をやっていても、心が機能していたら、
考えつづけていたら、あなたはヨーガの状態にはない。
ヨーガとは無心の境地だ。
坐法をしなくても無心の境地でいられたなら、
あなたはすでに完璧なヨーギだ。
それは坐法をしていない多くの人に起こったし、何生にも渡って
坐法をしてきた多くの人には起こらなかった。
つまり、基本的に理解されるべきなのは、思考の活動がないとき、
あなたがあるということだ。
心の活動がないとき、思考が消えているとき
——思考は雲のようなものだ——

それが消えているとき、あなたの存在は大空のように晴れわたっている。
それはつねにある。
ただ雲に覆われ、思考に覆われているだけだ。

ヨーガとは心を止滅させることだ。

今や西洋では禅、日本のヨーガの手法が大いに注目を浴びている。
「禅」という言葉は「ディアーナ」から来ている。
ボーディダルマがこの「ディアーナ」という言葉を中国へと伝えた。
中国で「ディアーナ」は「ジャン」となり、次に「チャン」になり、その言葉が日本に渡って「禅」になった。
語源は「ディアーナ」で、それは無心を意味する。
だから、日本の禅の修行のポイントは、いかにして「心の働き」を止めるか、いかにして無心になるか、いかにして思考なしでいるかにある。
やってみなさい！
やってみなさいと私が言うと、それは矛盾のようにも聞こえる……
が、ほかに言いようがない。
確かに、やろうとしたら、そのやろうとすること、その努力は心から来る。
あなたは坐法をやり、なにかの「ジャパ」を、唱名やマントラをとなえるかもしれない。
あるいはただ静かに坐って、なにも考えまいとするかもしれない。
しかし、そうしたら、その考えないことがひとつの思考になる。
あなたは言いつづける、

「考えないぞ……考えるな……考えるのをやめろ」
だが、このすべてが思考だ。
理解しようとしなさい。
パタンジャリが無心、心の止滅について語るとき、彼が言っているのは完全な止滅だ。
彼はあなたがジャパを行うこと、「ラム・ラム・ラム」と神の名を唱えることを許さない。
彼はそれは止滅ではないと言う。
あなたは心を使っている。
彼は言う、「すべてやめなさい！」
だが、あなたは尋ねるだろう、
「どうやって？　どうやってすべてをやめるんですか？」
心は続いている。たとえあなたが坐っても、心は続いている。
たとえあなたがやらなくても、心がやりつづけている。
パタンジャリは言う、
「ただ見なさい」
心は放っておいて、やりたいようにやらせておけばいい。
ただ見ている。あなたは介入しない。
あなたは目撃者になり、傍観者になり、
心は自分のものではないかのように、気にもかけない。
自分には関係のないこと、どうでもいいことのように。
気にしないこと！
ただ見ていなさい、心が流れていくのを。
それが流れているのは過去からの勢いがあるから、
あなたがそれをいつも流れさせてきたからだ。
活動それ自体が勢いを持つようになり、だからそれは流れている。
手を貸してはいけない。見ていなさい、心が流れていくのを。

何生にも渡って、おそらく何百万生にも渡って、あなたはそれに手を貸してきた。
あなたはそれを助け、自分のエネルギーを与えてきた。
川はしばらくは流れるだろう。
あなたが手を貸さなかったら、のんびりと眺めていたら
――ブッダの言葉は「ウペクシャ」だ、無関心、意に介さず眺めていること、見るだけで、いっさいなにもしないこと――
心はしばらくのあいだは流れているが、やがてひとりでに止まる。
勢いがなくなると、エネルギーが流れてしまうと、心は止まる。
心が止まったとき、あなたはヨーガの境地にある。
あなたは訓練をやりとげた。
これがその定義だ――

ヨーガとは心を止滅させることだ。
そのとき観照者は本来の姿にとどまる。

心が止滅すると、観照者は本来の姿にとどまる。
心に同化せず、ただ見ていることができたら。
判断せず、称賛も非難もせず、選ばず、あなたはただ見ている、
すると心は流れて、やがて自然に、ひとりでに、心が止まるときがやって来る。
心がないとき、あなたは観照の状態にとどまる。
あなたは観照者になっている。
見る人、ドラシュタ、サクチに。
そのとき、あなたは行為者ではない。
そのとき、あなたは思考者ではない。

そのとき、あなたはただ純粋な存在、もっとも純粋な存在だ。
そのとき、観照者は本来の姿にとどまる。

その他の状態では、心のとる形に同化している。

観照の状態を除いたら、あなたはどの状態のときも心に同化している。
あなたは思考の流れとひとつになる。
あなたは雲とひとつになる——あるときは白雲と、あるときは黒雲と、あるときは雨をはらんだ雲と、あるときは空っぽなうつろな雲と。
だが、いずれの場合でも、あなたは思考とひとつになり、あなたは雲とひとつになり、自分の雲ひとつない大空を、純粋な空間を忘れている。
あなたは雲に覆われてしまうが、この曇りはあなたが同化し、雲とひとつになるから起きる。
ひとつの思考がやって来る。
あなたは空腹だ。
その考えが心に浮かぶ。
それはたんに空腹だ、胃袋が空っぽになったという考えだ。
すぐにあなたは同化してしまう。
あなたは言う、「僕は腹ぺこだ」
心に空腹という考えが浮かんだだけなのに、あなたは同化して、こう言う、
「僕は腹ぺこだ」
これが同化だ。
ブッダも空腹になるし、パタンジャリも空腹になるが、パタンジ

ャリはけっして「私は腹ぺこだ」とは言わない。
「体が空腹だ」と言う。
「胃袋が空腹を感じている」と言う。
彼は言う、
「空腹感がある。私は観照者だ。胃袋が脳のなかに『私は空腹だ』という考えを浮かばせ、私はその思考を観ている」
胃袋が空っぽだ。
パタンジャリは観照者にとどまる。
あなたは同化してしまう。
あなたはその思考とひとつになる。

そのとき観照者は本来の姿にとどまる。
その他の状態では、心のとる形に同化している。

これが定義だ――

ヨーガとは心を止滅させることだ。

心が止滅したとき、あなたは観照者の自己にとどまっている。
その他の状態では同化して、そのすべての同化がこの世界を成り立たせている。
同化していると、あなたは世界のなか、苦しみのなかにある。
同化を超越すると、あなたは解き放たれる。
あなたは「シッダ」になる。
あなたはニルヴァーナにいる。
あなたはこの苦しみの世界を超越し、至福の世界へと入っている。
その世界は今ここにある。

たった今、まさにこの瞬間に！
あなたはほんの一瞬も待たなくていい。心の観照者になれば、あなたは入っている。
心に同化したら、あなたは見逃してしまう。
これが基本的な定義だ。
これらすべてを覚えておきなさい。
というのも、あとで、別の経文で、私たちはなにをすべきか、いかにすべきかの細部へと立ち入るからだ。
だが、これが基本であるということを、つねに心にとめておきなさい。
人は無心の状態に達しなければならない。
それが目標だ。

Chapter 2

心は五つの形をとる

The Five Modifications of the Mind

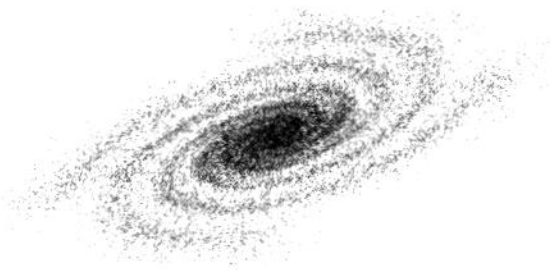

心は五つの形をとる。
それが、苦または無苦の原因となる。
それは、正知、誤謬、空想、睡眠、記憶である。

心は束縛の原因となり、また自由の原因にもなる。
心はこの世界への通路、入口になる。
それはまた出口にもなる。
心はあなたを地獄へと導き、また心はあなたを天国へも導く。
それは心がどのように使われるかによる。
心を正しく使えば瞑想になる。
心を間違って使うと狂気になる。
心はだれのなかにもある。
それには暗闇と光の両方の可能性がある。
心そのものは敵でもなければ味方でもない。
心は味方にすることもできるし敵にすることもできる。
それはあなたしだい、心の後ろに隠れているあなたしだいだ。
心を自分の道具、自分の召使にできたら、心は通り道になり、
あなたは究極へと到ることができる。
あなたが召使になり、心を主人にしてしまうと、主人となった心はあなたを究極の苦しみと暗闇へと導いていく。
ヨーガのすべての技法、すべての手法、すべての道はじつはたったひとつの問題に深くかかわっている。
それは心をいかに使うかということだ。
正しく使われたら、心はみずからが無心になる地点へと達する。
誤って使われたら、心はそれがカオスそのものに、互いに対立し、矛盾し、混乱し、狂っている多くの声になる地点へと達する。
精神病院の狂人と菩提樹の下のブッダ——どちらも心を使った。
どちらも心を通り抜けた。
ブッダは心が消滅する地点へと達した。
正しく使われると、心はどんどん消えていって、
やがてなくなってしまう瞬間がやって来る。

狂人も心を使った。
誤って使われると、心は分割されてしまう。
誤って使われると、心は多くのものになる。
誤って使われると、それは群衆になり、最後には狂った心が残って、あなたが完全にいなくなる。
ブッダの心は消えてしまった。
そしてブッダは全体として存在している。
狂人の心は全体になった。そして彼自身は完全に消えてしまった。
あなたとあなたの心、それは二つの極だ。
それがいっしょに存在すると、あなたは苦しみのなかにある。
あなたが消えねばならないか、または心が消えねばならない。
心が消えたら、あなたは真理を手にしている。
あなたが消えたら、あなたは狂気を手にしている。
そしてこれが苦闘だ——どちらが消えるか？
あなたが消えるか、それとも心か？
これが闘争だ、すべての苦闘の根本だ。
これらのパタンジャリの経文は、あなたをこの心の理解へと一歩また一歩と導いていく——心とはなにか、それはどんな状態になりうるのか、それはどんな形をとりうるのか、心を用いて心を超えるにはどうしたらいいか。
そして覚えておくべきなのは、今のところ、あなたはほかにはなにも持っていないということだ——この心しか。
あなたはそれを使わなければならない。
それを誤って使えば、あなたはさらにさらに深い苦しみへと落ちていく。
あなたは現に苦しんでいる。
それというのも、あなたは何生にも渡って心を誤って使ってきたので、心が主人になっているからだ。
あなたは奴隷、心につき従う影にすぎない。
あなたは心に「止まれ」と言えない。
あなたは自分の心に命じることができない。
いつも心があなたに命令を下し、あなたはそれに従わなければならない。
あなたの存在は影に、奴隷に、心の手のなかの道具になっている。
心はただの道具にすぎない。
あなたの手や足と同じことだ。
あなたが足に命令すると、それは動く。
あなたが「止まれ」と言うと、それは止まる。
あなたが主人だ。
手を動かしたければ、私はそれを動かす。
手を動かしたくなければ、私はそれを動かさない。
手が私に「ちょっと動かしてくれよ」と言うことはない。
手が私に「君がなにをしようと僕は動くからな。君の言うことなんて聞くものか」と言うことはない。
手が私を無視して動きはじめたら、体は混乱を来してしまう。
それが心のなかで起こっていることだ。
あなたが考えたくなくても、心は考えつづけている。
あなたは眠りたい。
あなたはベッドに横になり、ごろごろと寝返りを打つ。
あなたは眠りたいが、心は動きつづけ、心は言う、
「だめだ、考えることがあるんだ」あなたがいくら「止まれ」と言っても、あなたの言うことなんて聞かないし、あなたはなにもできない。
心は道具にすぎないが、あなたはそれに多くの力を与えてしまっ

た。それは独裁的になっているので、それを本来の場所に戻そうとすると、心は激しく抵抗する。
ブッダも心を使うが、彼の心はあなたの足と同じだ。
人びとが次々にやって来て、私にこう尋ねる、
「光明を得た人の心はどうなってしまうのですか？
消えてしまうのですか？
それを使えないのですか？」
主人としての心は消えてしまう。
それは召使としてとどまる。
それは受け身の道具としてとどまる。
ブッダが心を使いたいとき、彼はそれを使うことができる。
ブッダがあなたに話すとき、心がないと話すことができないから、彼はそれを使うしかない。心を使わざるをえない。
あなたがブッダのところへ行ったとき、彼があなたのことに気がついて、前にも来たことを憶えているなら、彼は心を使っている。
心がなければあなたがだれなのかわからない。
心がなければ憶えていることはできない。
だが、彼は心を使っている。
いいかな、それが違いだ。
そしてあなたは心に使われている。
いつでも心を使いたいとき、ブッダはそれを使う。
使いたくないときには、彼はそれを使わない。
それは受け身の道具だ。それは彼を牛耳っていない。
だからブッダは鏡のような状態でいる。
あなたが鏡の前に来ると、鏡はあなたを映し出す。
あなたが行ってしまうと、反映も行ってしまい、鏡にはなにも映っていない。

あなたは鏡のようではない。
あなたがだれかを見る……その人が行ってしまっても、思考は続き、反映は続く。あなたはずっと彼のことを考えている。
たとえやめたくても、心は言うことを聞いてくれない。
心の主人になることがヨーガだ。
パタンジャリが「心の止滅」について語るとき、彼が言わんとするのは、主人としての心は止滅する、心は主人であることをやめるということだ。
それはもはや能動的ではない。
もはや受動的な道具だ。
あなたが命じると、それは働く。
あなたが命じないと、それは静かにしている。
じっと待機している。
出しゃばることはできない。出しゃばりはなくなった。
暴力はなくなった。
それはあなたをコントロールしようとしない。
今やその正反対の立場にある。
主人になるにはどうしたらいいのか？
心をふさわしい場所に置くにはどうしたらいいのか？
あなたが使うことのできる場所、使いたくないときには脇に置いて、静かにしていられる、そんな場所に置くには？
そのためには、心のすべての仕組みを理解しなければならない。
では、その経文に入ることにしよう。

最初に——

心は五つの形をとる。

それが、苦または無苦の原因となる。

最初に理解されるべきことは、心は体と別のものではないということだ。
覚えておきなさい、心は体の一部だ。
それは体なのだが、とても微妙だ。
体のひとつの状態だが、とてもデリケートで、とても精妙だ。
それを捕らえることはできないが、体を通じて影響を及ぼすことはできる。
麻薬をやると、ＬＳＤかマリファナか酒かなにかをやると、心はすぐに影響を受ける。麻薬は心にではなく、体に入っていくが、心が影響を受ける。
心は体のもっとも微妙な部分だ。
またその逆のことも言える。
心に働きかけると、体にまで影響が及ぶ。
催眠でそれが起きる。歩けない人、自分には麻痺があると言っている人が、催眠下では歩けることがある。
あるいは、あなたには麻痺がないのに、催眠下で「さあ、体が麻痺しました、歩くことができません」と言われると歩けなくなってしまう。
麻痺している人が催眠下では歩けることがある。
なにが起こっているのか？
催眠が心のなかへ入り込み、暗示が心のなかへ入り込む。
すると体が言うことを聞く。
これが最初に理解されるべきことだ。
心と体は二つのものではない。
これはパタンジャリのもっとも深い発見のひとつだ。

今では現代科学がそれを認めている。
それは西洋ではごく最近のことだ。
今や彼らは言う、体と心が分離しているかのように語るのは正しくない、と。
今や彼らは言う、それは「精神身体《サイコソーマ》」だ、それは心身《マインド-ボディ》だ。
これら二つの言葉はひとつの現象の二つの機能にすぎない。
一方の極は心、もう一方の極は体だ。
だから一方に働きかけ、もう一方を変えることもできる。
体には五つの活動の器官がある。
五つのインドリヤス、五つの活動の道具がある。
心がとる形は五つあって、五つの機能の状態《モード》がある。
心と体はひとつだ。
体は五つの機能に分かれ、心もまた五つの機能に分かれる。
それぞれの機能を詳しく見ていこう。
この経文の次の一節だ――

それが、苦または無苦の原因となる。

これら心のとる五つの形、この心の全体は、あなたを深い苦悩へ、ブッダの言うドウッカ、苦しみへと引き込むかもしれない。
あるいは、この心とその機能を正しく使ったら、
それはあなたを無苦へと導くかもしれない。
心はよくてあなたを無苦へと導くことしかできない。
この「無苦」という言葉はとても意味深い。
パタンジャリは、それはあなたをアーナンダ、至福へと導くとは言わない。
心は、それを誤って使うと、それの奴隷になると、

あなたを苦しみへと導く。
あなたが主人になると、心はあなたを無苦へと導いてくれる——
至福へとではなく。
なぜなら、至福はあなたの本性だからだ。
心はあなたを至福へと導くことはできない。
しかし、あなたが無苦の状態にあるなら、
内なる至福が流れはじめる。
至福はつねに内側にある。それはあなたに備わっている本性だ。
それは達成し、獲得すべきものではない。
どこかに到達しなければいけないのではない。
あなたはそれといっしょに生まれてくる。
あなたはすでにそれを持っている。
それはすでに現実だ。
だからパタンジャリは、心はあなたを苦しみへと導くし、また至福へも導くとは言わない。
いいや、彼はとても科学的、きわめて厳密だ。
あなたに間違った情報を与えかねない言葉をひとつも使わない。
ただ苦か無苦のいずれかだと言う。
ブッダもよくこのことを口にする。
探求者が彼のもとへやって来ると……探求者は至福を求めているから、決まってブッダにこう尋ねる、
「どうしたら究極の至福に到達できますか？」
ブッダは言う、
「私は知らない。私は無苦、つまり苦の不在への道なら教えることができる。私は至福そのものについてはなにも言わない。至福ではないものについてしか。私は無苦の世界へどう入るかなら教えることができる」

手法にできるのはそこまでだ。
あなたが無苦の状態に入ると、内側の至福が流れはじめる。
だが、それは心から来ているのではない。
それはあなたの内なる存在からやって来る。
だから心はそれといっさいかかわりがない。
心はそれをつくりだせない。
心が苦しんでいれば、心が障害になる。
心が無苦の状態にあれば、心は通路になる。
だが、心はなにものもつくりだせない。
心が至福をつくりだしているのではない。
あなたが窓を開けると、太陽の光が入ってくる。
窓を開けることで、あなたは太陽をつくっているのではない。太陽はすでにあった。
太陽がなかったら、たとえ窓を開けても、光は入ってこなかった。
あなたの窓は障害にもなる——日光が外にあるのに窓が閉じていたら。窓は妨げることができるし、また道を開けることもできる。
それは通り道にもなるが、つくりだすことはできない。
それは光をつくりだしえない。
光はすでにそこにある。
あなたの心は苦しんでいると閉じてしまう。
覚えておきなさい、苦しみの特徴のひとつは閉鎖性だ。
苦しいときはいつも、あなたは閉じてしまう。
観察してみなさい——なんらかの苦しみを感じているとき、あなたは世界に対して閉じている。
最愛の友に対してさえ、あなたは閉じている。
苦しんでいるときは、自分の妻、子供たち、恋人に対してさえ、あなたは閉じている。

なぜなら、苦しみはあなたを萎縮させるからだ。
あなたは縮んでしまう。
あらゆる方面へのドアを閉ざしてしまう。
苦しみのなかにあると、人びとが自殺を考えるようになるのはそのためだ。
自殺とは完全に閉じてしまうことだ——いっさいのコミュニケーションの可能性、いっさいの扉の可能性を。
閉じている扉でさえ危険だ。
だれかが開けるかもしれないから、扉そのものを壊してしまう。
すべての可能性を壊してしまう。
自殺とは「私はいっさいの開いている可能性を壊してしまう。完全に自分を閉ざしてしまう」ということだ。
苦しんでいるとき、あなたは自殺について考えはじめる。
幸せなとき、自殺のことなんて考えられない。想像もできない。
どうして人びとは自殺をするのか想像さえできない。
人生はこんなに楽しいのに、人生はこれほど深い音楽なのに、
どうして人生を終わらせようとするのか？
想像もできないことだ。
どうして、あなたが幸せなとき、それは想像もできないのか？
それはあなたが開いているから、あなたのなかを生が流れているからだ。
あなたが幸せなとき、あなたは大らかになり、伸び伸びとしている。
あなたが不幸せなとき、あなたはこせこせし、縮こまっている。
だれかが不幸せなとき、彼に触り、彼の手を自分の手に握ってみなさい。
その手はまるで死んでいるようだ。

それを通してなにものも流れてこない——愛も、温もりも。
まるで死体の一部のように、それは冷えきっている。
だれかが幸せなとき、彼の手に触ってみなさい。
そこにはコミュニケーションがある。エネルギーが流れている。
彼の手は死んでいないだけでなく、ひとつの橋になっている。
彼の手を通してなにかがあなたのもとへやって来て、コミュニケートし、かかわりを持つ。
温もりが流れる。
彼はあなたへと到着し、あなたのなかへ流れ込もうと全力を尽くし、あなたも彼のなかへと流れ込ませようとする。
恋人たちが幸せなとき、彼らはひとつになる。
愛のなかで、一体感が生まれ、自分たちは二人ではないと感じはじめる。
実際には二人だが、二人ではないように感じはじめる。
というのも、愛のなかで、そのあまりの幸せに溶け合いが起こるからだ。
彼らは互いのなかへと溶け込む。互いのなかへと流れ込む。
境界が消滅し、定義が曖昧になり、だれがだれなのかわからない。
その瞬間、彼らはひとつになる。
あなたが幸せなとき、あなたは他人のなかに流れ込むことができる、また他人があなたのなかへと流れ込むことを許せる。
これこそが祝祭《セレブレーション》だ。
みんなが流れ込むのを許し、みんなのなかへと流れ込むとき、
あなたは生を祝っている。
そして祝祭は最高の祈り、瞑想の最高の頂だ。
苦しんでいると、あなたは自殺について考えるようになる。
苦しんでいると、あなたは破壊について考えるようになる。

苦しんでいると、あなたは祝祭とは対極にかけ離れている。
あなたは非難し、祝うことができない。
あらゆるものに怨みを抱いている。
なにもかもうまくいかず、あなたは否定的なので、流れることができない、かかわることができない、だれかが自分のなかへと流れ込むのを許せない。
あなたは孤島になり、すっかり閉じている。
これが生きながらの死だ。
生はあなたが開いて、流れているときにだけ、あなたが恐れず、怖がらず、オープンで、傷つきやすく、祝っているときにだけ存在する。
パタンジャリは、心は二つのことができると言う。
心は苦か無苦をつくりだすことができる。
あなたはそれを自分を不幸にしてしまうやり方で使うこともできる。
あなたはそんなふうに心を使ってきた。
あなたはその名人だ。
それについて多くを語る必要はない。
あなたはすでにそれを知っている。
あなたは苦しみをつくりだす方法をよく心得ている。
自分では気づいていないかもしれないが、あなたがいつもいつもやっているのはそれだ。
あなたの触れたなにもかもが苦しみの原因となる。
くり返そう、なにもかもが！
貧しい人たちを見たとしよう。
彼らは言うまでもなく不幸だ。
彼らは貧しい。生活の基本要件が満たされていない。

だが、次に金持ちたちを見ると、彼らもまた不幸だ。
このような金持ちたちは豊かさなど愚にもつかないと思っている。
それは正しくない。
豊かさは祝祭にもなりうるが、あなたには祝う心がない。
だから、あなたが貧しかったら、あなたは不幸だが、あなたが金持ちになると、あなたはもっと不幸になる。
富に触れたとたんに、あなたはそれを破壊してしまう。
ギリシア神話のミダス王の話を聞いたことがあるかな？
彼が触わるものはすべて黄金へと変わった。
あなたが黄金に触れると、それはたちまち泥になってしまう。
それはゴミへと変わってしまい、そこであなたは考える、
この世になんにもありはしない、富ですらむなしいものだ、と。
それは違う！
だが、あなたの心は祝うことができない。
あなたの心はいかなる無苦ともかかわることができない。
天国に迎えられたとしても、あなたがそこに天国を見ることはない。
あなたは地獄をつくりだす。
今のままのあなただと、どこへ行くにも、あなたは地獄を持っていく。
アラビアのことわざによると、天国や地獄は実際にある場所ではない。
それは態度だ。
人は天国や地獄に入るのではない。
みんな天国や地獄を持ち込む。
どこへ行っても、あなたは天国や地獄の写しを持っていく。
あなたの内側には映写機があって、すぐにあなたは投影する。

しかし、パタンジャリは慎重だ。
彼は「苦」か「無苦」——苦の存在か苦の不在——とは言うが、「至福」とは言わない。
心はあなたに至福を与えることができない。
だれもあなたに至福を与えることができない。
それはあなたのなかに隠れていて、心が無苦の状態にあるときに、その至福が流れはじめる。
それは心からはやって来ない。
それは彼方からやって来る。
パタンジャリが、心は苦の原因になるし無苦の原因にもなる、と言うのはそのためだ。

心は五つの形をとる。
それは、正知、誤謬、空想、睡眠、記憶である。

心がとる第一の形はプラマン、正しい知識だ。
サンスクリット語の「プラマン」は深遠であり、その真意は翻訳できない。
「正しい知識」は影にすぎない、その本来の意味ではない。
「プラマン」を翻訳できる言葉がないからだ。
「プラマン」は「プラーマ」という語源から来ている。
それについて多くのことが理解されなければならない。
パタンジャリは、心にはひとつの能力があると言う。
その能力が正しく使われたら、知られることはすべて真実だ。
それは自明の真実だ。
私たちがそれに気づかないのは、それを一度も使ったことがないからだ。

その能力は使われていない。
例えば暗い部屋があって、あなたがそこへ入り、
手に懐中電灯を持っているのに、それを使わないようなものだ。
部屋は暗いままだ。
あなたはこのテーブル、あの椅子と次々にぶつかってつまずく。
明かりを持っているのに！
だから明かりをともすことだ。
懐中電灯をつけたとたんに、すぐに暗闇は消えてしまう。
どこでも光が当たるところを、あなたは目の当たりにし、知ることができる。少なくともその部分は明白になって、自明のものになる。
心にはプラマン、正しい知識、知恵の能力がある。
そのスイッチの入れ方さえわかれば、どこであれその明かりを向けると、正しい知識のみが明らかとなる。
その明かりのつけ方を知っていなかったら、あなたは間違いしか知ることができない。
心にはまた誤った知識の能力もある。
サンスクリット語では、その誤った知識は「ヴィパルヤーヤ」と呼ばれる——虚偽、「ミティヤー」とも。
あなたにもその能力がある。
あなたが酒を飲むとなにが起きるのか？
全世界がヴィパルヤーヤになる。全世界が虚偽になる。
あなたはそこにないものを見はじめる。
なにが起こるのだろう？
酒はそういったものをつくりだせない。
酒はあなたの体と脳のなかでなにかをしている。
酒は、パタンジャリがヴィパルヤーヤと呼ぶ中枢に作用していく。

心にはなんでも曲解してしまう中枢がある。
この中枢が機能しはじめると、あらゆるものが曲解されてしまう。
それで思い出したが——

あるとき、ムラ・ナスルディンと友人が居酒屋で一杯やっていた。店を出る頃には二人はすっかりできあがっていた。ナスルディンは年季が入った、場数を踏んだ酒飲みだった。相棒は新米だったから、彼のほうが深酔いしていた。相棒は言った、「目はかすむし、耳は遠くなるし、まっすぐ歩くこともできやしない。どうやって家に帰るんだい？　教えてくれよ、ナスルディン、どっちへ行くんだ。どうやって家に帰ったらいい？」

ナスルディンは言った、「ここをまっすぐに行くんだ。ひとしきり歩くと道が二手に分かれてるところへ出る。ひとつは右へ、もうひとつは左へ行っている。そこを左へ行け。というのも、じつは右へ行く道はないからだ。おれは何度も右の道を行ったが、今じゃよくわかってる。二つの道が見える。左のほうへ行け。右へ行くな。あの右の道はないんだ！　おれは何度もそっちへ行ったけど、家へ帰れたためしがない」

あるとき、ナスルディンは息子に酒飲みの心得を説いていた。息子は興味津々だった。彼は尋ねた、「切り上げる頃合いは？」

ナスルディンは言った、「あそこのテーブルを見ろ。四人の客が座ってるだろう。あれが八人に見えはじめたら、そこで切り上げろ！」

息子は言った、「でも、父さん、あそこには二人しかいないよ！」

心にはひとつの能力がある。

その能力はあなたが麻薬や酒の影響下にあるときに働く。
その能力をパタンジャリは「ヴィパルヤーヤ」、
誤った知識、倒錯の中枢と呼ぶ。
それとは正反対の、あなたの知らない中枢がある。
それとは正反対の中枢があり、あなたが深く静かに瞑想すると、
そのもう一方の中枢が働きはじめる。
その中枢は「プラマン」、正しい知識と呼ばれる。
その中枢の働きから知られることはすべて正しい。
あなたがなにを知るかは問題ではない。
あなたがどこから知るかが問題だ。
あらゆる宗教が酒に反対するのはそのためだ。
それに道徳的な根拠はいっさいない。
それは酒が倒錯の中枢に影響を及ぼすからだ。
そしてあらゆる宗教が瞑想を勧めるのは、瞑想とはさらなる静けさをつくりだすこと、いっそう静かになることだからだ。
酒はその正反対のことしかしない。
それはあなたをいっそう煽り立て、興奮させ、かき乱す。
あなたのなかに震えが入り込む。
酔っぱらいはまっすぐに歩くことさえできない。
彼はバランスを失っている。
体だけではなく心のバランスも失っている。
瞑想とは内なるバランスをとることだ。
あなたが内なるバランスをとり、震えがなくなり、
身心のすべてが静かになったとき、
そこで正しい知識の中枢が働きはじめる。
その中枢を通せば、知られることはすべて真実だ。
あなたはどこにいるのだろう？

あなたはアルコール中毒ではないし、瞑想者でもないから、
この二つのあいだのどこかにいるに違いない。
あなたはどの中枢にもいない。
あなたは誤った知識と正しい知識という、この二つの中枢の中間にいる。あなたが混乱しているのはそのためだ。
ときにはあなたもかいま見る。
正しい知識の中枢へ少し傾くと、それなりの一瞥があなたに訪れる。
もう一方の中枢、倒錯へ傾くと、倒錯があなたへと入り込む。
そしてなにもかもごちゃ混ぜになり、あなたは混乱している。
そのため、混乱があまりにひどいために、あなたは瞑想者になるか、またはアルコール中毒になるしかない。
そしてこの二つの道がある。
中毒して自分自身を見失ったら、あなたは気楽になる。
少なくとも中心を持っている。
誤った知識の中枢かもしれないが、あなたは中心に据わっている。
周囲の人全員があなたは間違っていると言うだろう。
だが、あなたはそうは思わない。
あなたは周囲の人全員が間違っていると思う。
少なくとも無意識でいるあいだ、あなたは中心に据わっている。
誤りの中枢に据わっていても、あなたは幸せだ。
というのも、誤りの中枢でさえ、そこに据わると、それなりの幸福感がもたらされるからだ。
あなたはそれを楽しむ。
酒にあんなに魅力があるのはそのためだ。
国々の政府は何百年にも渡って酒や麻薬を規制してきた。
法律がつくられ、禁止やあれやこれがなされてきたが、なんの効果も上がっていない。

人類が瞑想的にならないかぎり、なにものも役に立ちはしない。
人びとは続けていくだろう。
彼らは酔っぱらうための新しい方法と、新しい手段を見つけることだろう。
彼らを止めることはできない。
彼らを止めようとしたら、その魅力はいっそう大きなものになる。
アメリカはそれを試みて、元に戻さざるをえなかった。
彼らはやれるだけのことはやったが、酒が禁止になると、なおさら多くの酒が消費された。
彼らはやるにはやったが失敗した。
インドは独立後にやろうとしたが、それも失敗した。
なんの成果も上がっていない。
人間が内面的に変わらないかぎり、どのような禁止も強いることはできない。
それは不可能だ、そうでないと人びとは狂ってしまう。
彼らはそうやって正気を保っている。
何時間か、その人は麻薬にふけり、「ストーン」し、それですっきりする。
それで惨めさが消える。それで悩みがなくなる。
惨めさは戻ってくるし、悩みは戻ってくるが、
少なくとも先延ばしになっている。
明日の朝には惨めさが戻り、悩みが戻り、
彼はそれに直面しなければならない。
だが、夕方にはまた希望が持てる。
一杯やっていい気分になれる。
これが二つの選択肢だ。
あなたが瞑想的でなければ、

遅かれ早かれなんらかの麻薬を見つけるしかない。
そして微妙な麻薬がある。
酒はあまり微妙なものではない。それはとても粗雑なものだ。
微妙な麻薬がある。
セックスはあなたの麻薬にもなりうる。
セックスを通じてあなたは意識を失っているだけかもしれない。
どんなものも麻薬として使うことができる。
瞑想だけが助けになる。なぜか？
それは瞑想が、パタンジャリがプラマンと呼ぶ中枢への定着をもたらすからだ。
どうして東洋の宗教はみんな瞑想をこれほど重んじるのか？
瞑想はなにか内なる奇跡を行っているに違いない。
これがその奇跡だ——
瞑想はあなたが正しい知識の明かりをともすのを助ける。それがあれば、あなたがどこへ行こうと、あなたの焦点がどこへ動こうと、なにを知ろうと、それは真実だ。
ブッダは何千何万もの質問を受けていた。
ある日、ある人が尋ねた、
「私たちは新しい質問を持ってきます。私たちが質問をするかしないかのうちに、あなたは答えはじめます。あなたはそれについてまったく考えもしません。いったいどうなっているのでしょう？」
ブッダは言った、
「それは考えるようなことではない。あなたが質問し、私がただそれを見れば、なんであれ真実のことが明かされる。
それは考えたり思いを巡らしたりするようなことではない。答えは三段論法のように出てくるのではない。正しい中枢に焦点を合わせるだけなのだ」

ブッダはたいまつのようだ。
たいまつは行く先々を照らし出す。質問がなんであろうと、それが重要なのではない。
ブッダは明かりを持っていて、その明かりがなにかの質問に出くわすと、つねに答えが明かされる。
答えはその明かりからやって来る。
それは単純な現象、ひとつの啓示だ。
だれかがあなたに質問をしたら、あなたはそれについて考えねばならない。
だが、あなたが知らないなら、どうして考えられるのか？
あなたが知っていたら、考えなくてもいい。
知らないときには、あなたはどうするだろう？
記憶のなかを探って、多くの手がかりを見つける。
あなたはただ寄せ集めるだけだ。
本当のところ、あなたは知らない。
そうでなかったら、答えはすぐに出ていたはずだ。
ある教師がいた――

小学校の女の先生が子供たちに尋ねた、「なにか質問はありますか？」

ひとりの男の子が立ち上がって言った、「ひとつ質問があります。ずっと待っていたんです。先生が聞いてくれたら、尋ねようと思って――地球は全部でどれぐらいの重さがありますか？」

先生は困ってしまった。そんなことは考えたこともなかったし、それについて読んだこともなかった。地球全体の重さはどれぐらいか？　それで先生は教師がよく使うトリックを用いて――彼らはトリックを使わざるをえない――こう言った、「わかりました、とてもいい質問ですね。では、明日までに、みんな答えを見つけてきなさい」彼女は時間を稼ぎたかった。「明日また、先生がこの質問をします。正しい答えを持ってきた人には、すてきなプレゼントがありますよ」

子供たちはみんな一所懸命に調べたが、答えは見つからなかった。先生は図書館へと走った。彼女は徹夜で調べて、朝までにようやく地球の重さがわかった。先生はとてもうれしかった。彼女が学校へ戻ると、子供たちはへとへとだった。答えは見つかりませんでした、と彼らは言った――「母さんに聞いたし、父さんに聞いたし、みんなに聞きました。だれも知らないんです。この質問は難しすぎます！」

先生は笑って言った、「難しくなんかありませんよ。私は答えを知っていましたが、みなさんが答えを探せるかどうか知りたかったんです。では、地球の重さですが……」

最初に質問をした少年がまた立ち上がって言った、「それは人間も含めてですか、含めなくてですか？」

さあ、状況は同じだ……。
ブッダをこのような窮地に追いやることはできない。
それはどこかから答えを見つけてくるという問題ではない。
それはあなたの質問に答えるということですらない。
あなたの質問は口実にすぎない。
あなたが質問し、彼がたんに明かりをその質問に向けると、明かされるべきことが明かされる。
彼はあなたに答えている。
それは彼の正しい中枢、プラマンの深みからの応答だ。

パタンジャリは、心は五つの形をとると言う。
ひとつは正しい知識だ。
あなたのなかで、この正しい知識の中枢が働きはじめると、あなたは賢者、聖者になる。あなたは宗教的になる。
そのときまで、あなたは宗教的になれない。
イエスとムハンマドが狂っているように見えるのはそのためだ。
というのも、彼らは根拠を示さないからだ。
彼らは自分の言い分を筋道立って説明しないで、いきなり断言する。
「あなたは本当に神のひとり息子なのですか？」とあなたがイエスに尋ねる。
イエスは「そのとおりだ」と言う。
あなたがそれを証明してくださいと言うと、彼は笑って答える、
「証明などしなくていい。私はこれが事実だと知っている。これは自明のことだ」
それは私たちには不合理に見える。
この男はたぶん心を病んでいて、根も葉もないことを言っているのだろう。
このプラマン、このプラーマの中枢、この正しい知識の中枢が機能しはじめると、あなたも同じようになる！
断言はできるが証明はできない。
どうして証明できるだろう？
あなたが恋をしていたら、どうやって自分が恋していると証明できる？
断言するしかない。
あなたの脚が痛んでいる。
痛みがあるとどうやって証明できる？

あなたは「痛いよ」と断言する。
それが内部のどこかにあることはわかっている。
それがわかっているだけで十分だ。
ラーマクリシュナが質問された、
「神はありますか？」
彼はあると答えた。
さらに尋ねられた、
「では、それを証明してください」
彼は言った、
「その必要はない。私はわかっている。私にはその必要はない。
あなたには必要がある。だからあなたは探している。
だれも私にそれを証明してくれなかった、私もそれをあなたに証明してやれない。私は探さねばならなかった、見つけねばならなかった。そして私は見つけた。神はある！」
これが正しい中枢の働きだ。
ラーマクリシュナやイエスは不合理に見えるのはそのためだ。
彼らはなんの証拠も示さず、確信に満ちた主張をする。
だが、じつのところ、彼らは主張していない。
彼らはなんらかの主張をしているのではない。
彼らに確かなことが明かされたのは、彼らのなかで新しい中枢が動きはじめていたからだ。あなたにはそれがない。
それがないので、あなたは証拠を欲しがる。
いいかな、証拠を欲しがるということは、あなたには内的な感覚がまったくなにもないということだ。
なにもかも証明されなければならない。
愛でさえ証明されなければならない。
人びとはそれをやっている……私は多くのカップルを知っている。

夫はいつも妻への愛を証明しようとしているが、妻が納得したためしはないし、妻はいつも自分の愛を証明しようとしているが、夫が納得したためしはない。
彼らはいつまでも納得できないし、あつれきは解消しないし、相手は愛情を証明していないといつも感じている。
恋人たちはいつも状況を探している。
相手が愛情を証明せざるをえない、そのような状況をつくりだす。
やがて２人ともうんざりしてくる。
証明しようといくら努力を重ねても、なんにも証明できない。
どうやって愛情を証明できるだろう？
プレゼントを贈ることはできる――が、なにも証明できない。
キスをして抱きしめることはできる、歌うことはできる、
踊ることはできるが、なにも証明できない。
あなたは芝居をしているだけかもしれない。

最初の心がとる形は正しい知識だ。
瞑想はこの心がとる形へとつながっていく。
そしてあなたが正しく知ることができ、証明する必要がないとき、
そのとき初めて、そこで初めて、心を落とすことができる。
証明する必要がないとき、心は必要とされない。
なぜなら、心は論理の道具だからだ。
いつもつねに、あなたはそれを必要としている。
なにが正しく、なにが間違っているか、
あなたは考え、見つけねばならない。
いつもつねに取捨選択がある。
あなたは選ばなければならない。
プラマンが機能して初めて、正しい知識が機能して初めて、

あなたは心を落とすことができる。
というのも、選ぶことはもはや意味がないからだ。
あなたは選ぶことなく進んでいって、なんであれ正しいことがあなたに明かされる。
賢者の定義は「選ばない人」だ。
彼は悪に対立する善を選ばない。
彼はたんに善の方向へと進んでいく。
それはヒマワリに似ている。
太陽が東にあれば、花は東を向く。
ヒマワリは選ばない。太陽が西に動くと、花も西を向く。
それは太陽といっしょに動いていく。
動くことを選んだのではない。
「さあ、太陽が西へ動いたから、自分も動こう」と決めたのではない、決断を下したのではない。
賢者はヒマワリのようだ。
彼はただ善のあるところへ動いていく。
だから彼のすることはすべて善だ。
ウパニシャッドは言う、
「賢者を裁いてはならない。あなたの普通の価値観を適用することはできない」
あなたは悪に対立した善を行うしかない。
賢者はなにも選ばない。彼はただ進んでいく。
なにを選ぶかの問題ではないから、彼を心変わりさせることはできない。
あなたが「これは良くない」と言っても、彼は言う、
「確かに、それは良くないかもしれないが、私はそのように動いていく。私の存在はそのように流れていく」

知っている人たち――ウパニシャッドの時代の人たちは知っていた――彼らはこのように決めた、
「賢者は裁かないことにしよう。
人が自分自身の中心に据わると、
人が瞑想を成就すると、人が静寂になり心が落ちると、
彼は私たちの道徳を超え、慣習を超える。
私たちの限界を超える。
ついて行けるものなら、彼について行こう。
ついて行けないなら、私たちはお手上げだ。
だが、できることはなにもない。私たちは裁くべきではない」
正しい知識が働くようになると、
心が正しい知識という形をとるようになると、
あなたは宗教的になる。
いいかな、それは根本的に違っている。
パタンジャリは、あなたがモスクへ行くことを、寺院へ行くことを、あなたがなにかの儀式をすることを、祈ることを前提にしていない……。いいや、それは宗教ではない。
あなたは自分の正しい知識の中枢を働かせなければならない。
だから、あなたが寺院へ行くかどうかは重要ではない。
それは問題ではない。あなたの正しい知識の中枢が機能したら、あなたのするすべてのことが祈りになり、あなたの行くすべての場所がモスクになる。
カビールは言った、
「私はどこへ行こうと、神よ、あなたを見出します。
私はどこへ進もうと、あなたのなかへ入り、あなたに行き当たります。私がなにをしようと、歩くことや、食べることでさえ、祈りになります」

カビールは言う、
「この自然に起こることが私のサマーディです。
自然であることが私の瞑想です」
心がとる第二の形は誤った知識だ。
誤った知識の中枢が機能していると、なにをやってもあなたは間違える、なにを選んでもあなたは間違ったものを選ぶ。
あなたが決めることはすべて間違いだ。
というのも、あなたではなく、誤りの中枢が決めているからだ。
することなすこと失敗するので、自分はとても運が悪いと感じている人たちがいる。
二度と間違わないように努力しても、それがうまくいったためしはない。
なぜなら、「中枢」を変えねばならないからだ。
彼らの心は間違った働き方をしている。
自分は正しいことをしているつもりでも、実際には間違ったことをしている。
どれほど願いや意図が正しくても、うまくいったためしがない。
彼らにはどうすることもできない。

　ムラ・ナスルディンは、ある聖者のもとをよく訪ねた。彼は何日も何日も通った。その聖者は物静かな人だった。彼はほとんど話さなかった。だから、ムラ・ナスルディンがなにか言うしかなかった。彼が尋ねなければならなかった、「私はたびたび足を運んで、あなたがなにか話されるのを待っていますが、あなたはなにもおっしゃってくれません。あなたが話されないかぎり、私には理解できないのです。どうか私の人生について、なにかお言葉を、どの方向に進むべきかという指針をお示しくださいませんか」

すると、そのスーフィーの賢者は言った、「ネキ・カル・クエン・マイ・ダル。善をなし、それを井戸へ投げ込め」それはスーフィーのもっとも古いことわざのひとつだ。「善をなし、それを井戸へ投げ込め」すなわち善行をしたら、すぐにそれを忘れよ、「私は善行を積んだ」という考えを持つなということだ。

それで翌日、ムラ・ナスルディンはひとりの老婆が道を渡る手伝いをし……それから彼女を井戸のなかに突き落とした！ ネキ・カル・クエン・マイ・ダル。善をなし、それを井戸へ投げ込め。

誤りの中枢が機能していると、あなたがなにをしようと……。
あなたはコーランを読むかもしれない、
あなたはギーターを読むかもしれない、
そしてそこに意味を見出す――
クリシュナはびっくりするだろう、
ムハンマドはびっくりするだろう、
あなたがそんな意味を見つけたと知って。
マハトマ・ガンディーは、人びとの役に立つことを願って自伝を書いた。
ところが、彼が性生活について書いたために、たくさんの手紙が舞い込んできた。
彼は正直だった、まれに見る正直な人だったので、なにからなにまで書いた。
過去に起こったことすべて、父親が亡くなろうとする日に、欲望にふけるあまり、その最期を看取れなかったことを。
そんな日でも、彼は妻と寝ずにはいられなかった。
医者たちは言った、
「今夜が最期です。お父様は朝まで持ちそうにありません。朝までに亡くなるでしょう」
だが、夜の12時か１時になると、ガンディーは性欲を感じはじめた。父親はまどろんでいたので、ガンディーは抜け出すと、妻のところへ行って、セックスにふけった。
妻は妊娠していた。９か月だった。
父親は死にかけていた。父親はその夜に亡くなった。
そして子供は生まれてすぐに死んだ。
このため一生、ガンディーは、セックスに取りつかれるあまり、
父親の最期を看取れなかったことを深く悔やむこととなった。
だから、彼はなにからなにまで書いた。彼は正直だった。
人びとの役に立ちたかった。
だが、たくさんの手紙が舞い込むようになって、
彼はそれらの手紙にびっくりした。
多くの人が書いていた、
「あなたの自伝のおかげで、それを読んだだけで、私は以前より好色になりました。あなたの自伝を読んだだけで、より好色でふしだらになりました。性欲がかきたてられるのです」
誤りの中枢が機能していたら、なにをやってもむだだ。
あなたがなにをしようと、なにを読もうと、どのように振る舞おうと、それは間違っている。あなたは間違いのほうへ行ってしまう。
あなたには自分を間違ったほうへ行かせる中枢がある。
ブッダのところへ行っても、あなたは彼のなかに間違ったものを見出す。ただちに！
あなたはブッダと出会うことができない。
あなたはただちに間違ったものを見出す。
あなたには間違いに合っている焦点、至るところに間違いを見出す深い衝動がある。

この心がとる形を、パタンジャリは「ヴィパルヤーヤ」、つまり「倒錯」と呼ぶ。
あなたはすべてを倒錯してしまう。
あなたはすべてを倒錯的に解釈する。
オマル・ハイヤームは書いた、「神は情け深いという」
それはすばらしい。
イスラム教徒はいつも言っている、
「神はレヘマーン、慈しみだ。ラヒム、慈悲心だ」
彼らはいつも口癖のように言っている。
そこでオマル・ハイヤームは言う、
「神が本当に情け深いなら、神が慈しみなら、
なにも恐れることはない。私は罪を犯しつづけてもかまわない。
神が慈しみなら、なにを恐れるのか？
私はなんでも好きな罪を犯していい。
なにしろ神は慈しみなのだから。
いつの日か神の前に立ったら、私は言おう、
ラヒム、レヘマーン——おお、情け深い神よ、私は罪を犯しましたが、あなたは慈しみです。あなたが本当に情け深いなら、どうか私を哀れんでください」
こうして彼は酒を飲みつづけ、自分が罪と見なすあらゆることをしつづける。彼はいかにも倒錯的なやり方で解釈をした。
世界中の人びとがそれをやった。
インドではよく言われる、
「ガンジス河に行ったら、ガンジス河で沐浴をしたら、罪は洗い清められる」
この考え方自体は美しい。それには多くの含みがある。
罪はそれほど深いものではないという含みがある。

それはあなたについた塵のようなものだ。
だからあまり苦にするものではない。
後ろめたく感じなくてもいい。
それは塵にすぎないから、あなたの内面は清らかなままだ。
ガンジス河で沐浴すればこと足りる。
それが言おうとするのは、罪の意識を持ちすぎるなということだ。
キリスト教はそうなってしまった……罪の意識がとても重いものになってしまった。
だからガンジス河で沐浴するだけでもいい。
そんなに恐れるものではない。
だが、私たちはどのように解釈したか？
私たちは言う、
「それなら問題はない。罪を犯しつづけてもいい。
そしてしばらくしたら、さんざん罪を犯したと感じたら、ガンジス河に罪を洗い清めてもらおう。
そして戻ってきたら、また罪を犯すのだ」
これが倒錯の中枢だ。

心がとる第三の形は想像力だ。
心には想像力がある。それは好ましいもの、すばらしいものだ。
すべての美しいものは想像力から生まれた。
芸術、舞踏、音楽、美しいものはみんな想像力から生まれた。
だが、醜いものもすべて想像力から生まれた。
ヒトラー、毛沢東、ムッソリーニ、彼らはみんな想像力から生まれた。
ヒトラーは超人の世界を空想し、フリードリッヒ・ニーチェを信奉した。

ニーチェはこう言った、
「弱い者はみんな殺せ。優れていない者はみんな殺せ。
この世界には超人だけを残せ」
だからヒトラーは人びとを殺した。
ただの空想、ただのユートピア的な空想――弱い者を殺すだけで、醜い者を殺すだけで、身体障害者を殺すだけで、美しい世界が生まれるという考え方。
だが、そのまさに殺戮が、この世でいちばん醜いことだ。
そのまさに殺戮が。
だが、彼は想像力から働いていた。
彼には空想が、ユートピア的な空想があった。
きわめて想像力豊かな男だった！
ヒトラーはきわめて想像力豊かな人たちのひとりだったが、その想像はいかにも異様なものに、常軌を逸したものになり、自分の空想の世界のために、この世界をすっかり破壊してしまおうとした。
彼の想像力は狂ってしまった。
想像力は、詩や音楽や芸術をもたらすが、想像力はまた狂気をもたらす。あなたがそれをどう使うかにかかっている。
科学的な大発見はすべて想像力――想像することができた人たち、不可能なことを想像できた人たちから生まれた。
今では私たちは空を飛べる。今では私たちは月へ行ける。
これらは深い想像力だ。
人間は何百年、何千年も、どうやって空を飛ぶか、
どうやって月へ行くかと想像してきた。
どんな子供も生まれながらに、月へ行きたい、
月を捕まえたいという欲求を持っている。
だが、私たちはそこへ到達した！

想像力から創造性が生まれるが、
想像力からはまた破壊も生まれる。
想像力は心がとる第三の形だ、とパタンジャリは言う。
間違ったやり方で使えば、それはあなたを破壊する。
正しいやり方で使えば、想像力による瞑想をすることができる。
それは想像とともに始まり、やがて想像はもっともっと微妙なものになっていく。
そして最後には想像が落とされて、あなたは真実と向かい合う。
キリスト教やイスラム教の瞑想はすべて基本的に想像を通じて行われる。
最初、あなたはなにかを想像しなければならない。
それを想像しつづけていると、やがて想像を通じて自分の周囲にある雰囲気がかもしだされる。
やってみるといい。想像を通じてなにが可能なのかがわかる。
不可能でさえ可能になる。
自分は美しいと考えると、自分は美しいと想像すると、あなたの肉体はそれなりの美しさを示すようになる。
だから男性が女性に「君はきれいだよ」と言ったとたんに、女性はすぐさま変わってしまう。
彼女はこの瞬間までは美しくなかったかもしれない。
十人並みで、平凡だったかもしれない。
だが、この男性は彼女に想像力をもたらした。
だから、愛されている女性はみんなもっと美しくなる。
愛されている男性はみんなもっと美しくなる。
愛されていない人は本当は美しくても醜くなってしまう。
というのも、彼は想像することができないからだ、
彼女は想像することができないからだ。

そして想像力がなかったら、あなたは萎縮してしまう。
西洋の優れた心理学者のひとり、エミール・クーエは、ただの想像力によって何百万もの人びとが多くの病気から癒されるのを手助けした。
彼の治療法はとても簡単だった。
彼はこんなことを言った、
「自分は問題ないと感じてみなさい。
心のなかでただこうくり返しなさい、
『私はどんどんよくなっていく。日増しによくなっていく』
夜、眠りにつくときに、くり返しこう考えなさい――
私は健康だ、私はどんどん健康になっていく、
朝には世界でいちばん健康な人になっている、と。
想像しつづけるのだ」
彼は何百万もの人びとを助けた。
不治の病さえ治ってしまった。
それは奇跡のようだったが、そうではない。
それはただ基本的な法則だ――あなたの心は想像に従う。
今や心理学者たちは言っている。
子供たちに、おまえはのろまだ、おまえはばかだと言うと、
彼らは頭が悪くなる。
あなたは彼らの頭を悪くしている。
あなたは彼らの想像力に、自分は頭が悪いという暗示を与えている。
多くの実験が行われている。
例えば子供にこう言う、
「君は頭が悪い。君はなにもできない。
君はこの算数の問題が解けない」

そして彼に問題を与えて、「さあ、やってみなさい」と言うと、
彼はそれを解くことができない。あなたは扉を閉めてしまった。
その子にこう言ってみる、
「君は頭がいい。君みたいに頭のいい子は見たことがない。
君はその年にしてはずば抜けて頭がいい。
君にはたくさんの可能性が見える。
君はどんな問題でも解ける。さあ、これをやってごらん……」
すると、彼はそれを解くことができる。
あなたは彼に想像力を与えた。
今では、こういったことは科学的に実証されていること、
科学的な発見だ——
なんであれ想像力がとらえたものは種子になる。
ただの想像力によって、世代全体が変わり、時代すべて、国全体が変わってしまった。
私はあるとき、デリーからマナリへと旅をしていた。
パンジャブ地方へ行くと……その運転手はシーク教徒で、サルダールだった。道路は危険で、車はとても大きく、運転手はたびたび恐れをなした。
彼は何度も言った、
「前には進めません。引き返すしかありません」私たちは彼をなだめすかして先へと進ませた。
ある場所で、彼はすっかり怖じ気づいてしまい、車を停めると、外に出て言った、「だめだ！　ここからは一歩も動けません。危険だ」
彼は言った、「あなた方には危険じゃないかもしれない。あなた方には死ぬ覚悟があるかもしれない。でも、私にはありません。引き返しましょう」
そこへちょうど私の友人で、やはりサルダールの大柄な警察官が、

その同じ道路をやって来た。彼はマナリの瞑想キャンプに参加するために、私について来たのだった。
彼の車が横に停まったので、私は彼に言った、
「なんとかしてくれ！　あの男が車から逃げ出してしまったんだ」
警察官は、その運転手のところへ行くと言った、
「君はサルダールだな、シーク教徒だろう。
なのに臆病者なのか？　車に戻るんだ」
男はすぐに車に戻って、運転を始めた。
それで私は尋ねた、「なにがあったんだね？」
彼は言った、「彼は私のエゴに触れたんですよ。
彼は言ったのです、『おまえはサルダールか？（サルダールとは軍司令官という意味だ）シーク教徒なのに臆病者か？』とね。
彼は私の想像力に触れました。私のプライドに触れたんです。
もう行くしかありません。生きていようが死んでいようが、とにかくマナリには着くでしょう」
これはひとりだけの男に起こったのではない。
パンジャブ地方へ行くと、それが何百万の人びとに起こったのを目にできる。パンジャブのヒンドゥー教徒とパンジャブのシーク教徒を比べてみるといい。
彼らの血筋は同じだ。
彼らは同じ民族に属している。
五百年前までみんなヒンドゥー教徒だった。
そこに異なったタイプの民族、軍人の種族が生まれた。
ただあごひげを生やし、たんに顔かたちを変えただけでは、あなたは勇敢にはなれない。
だが、それができる！　想像力があれば……。
ナーナクはシーク教徒にその想像力をもたらした——

「あなたたちは異なったタイプの民族だ。あなたたちは不屈の者だ」
彼らがそれを信じるや、その想像力がパンジャブ地方で作用しはじめるや、500年もしないうちに新たな民族が、パンジャブ地方のヒンドゥー教徒とはまったく違った種族が生まれた。
実質的にはなにも違ってはいない。
だが、インドでは彼らほど勇敢な人たちはいない。
２度の世界大戦が、全世界でシーク教徒に並ぶ者がいないことを証明した。
彼らはなにものも恐れずに戦うことができる。
なにが起こったのか？
その想像力が、彼らの周囲にある社会風土をつくりだした。
シーク教徒だから自分たちは違う、と彼らは感じる。
想像力が働く。
それはあなたを勇者にもできるし、臆病者にもできる。
こんな話がある——

ムラ・ナスルディンが居酒屋で一杯やっていた。彼は勇敢な男ではなかった。ひどい臆病者のひとりだった。だが、彼は酒を飲むと勇ましくなった。そこへひとりの男が、山のような大男が居酒屋に入ってきた。見るからに恐ろしくて、危険そうで、まるで殺人鬼のようだった。ほかのときなら、しらふのときだったら、ムラ・ナスルディンも恐れていただろう。だが、今は酔っぱらっていたので、彼に恐いものはなかった。

そのいかにも恐ろしい男がムラのそばに来て、彼がちっとも恐がらないのを見ると、彼の足を踏んづけた。ムラは腹を立て、頭に血が上り、こう言った、「なんてことするんだ？　わざとやったのか、それともなにかの冗談か？」

だが、そのときにはもう、そのあまりの足の痛さに、酒の勢いの勇敢さなどふっ飛んでしまっていた。彼はしらふに戻った。しかし、すでにこう言っていた、「なんてことするんだ？　わざとなのか、それともなにかの冗談か？」

男は言った、「わざとだよ」

ムラ・ナスルディンは言った、「それならいいんですよ。私はこの手の冗談は好きではないんでね。わざとならいいんです」

パタンジャリは、想像力は心の第三の機能だと言う。
あなたはいつも想像しているが、間違った想像をすると、
自分のまわりに妄想、幻想、夢想をつくりだし、そのなかで迷ってしまうかもしれない。
ＬＳＤのような麻薬はこの中枢へと作用する。
そのために、あなたの内側になにが潜んでいようと、
ＬＳＤのトリップはそれを目に見えるものにする。
なにが起こるかわからない。
あなたに幸福な空想があれば、その麻薬のトリップは幸福なものに、ハイなものになる。
あなたに不幸な空想が、悪夢のような空想があれば、
それはバッド・トリップになる。
多くの人が矛盾した報告をするのはそのためだ。
ハックスレーはＬＳＤは天国への扉を開く鍵になると言うが、ライナーはそれは究極の地獄だと言う。
あなたしだいなのだ。
ＬＳＤはなにもしていない。
それは想像力の中枢に取りついて、そこに化学的に作用しはじめる。あなたに悪夢のような空想があれば、それが目に見えるもの

になり、あなたは地獄を経験する。
いつも美しい夢にふけっていたら、あなたは天国へ行くかもしれない。この想像力は地獄としても天国としても作用する。
使い方によっては、あなたは完全に狂ってしまうかもしれない。

精神病院の狂人にはなにが起こったのだろう？
彼らは想像力を使ったが、その使い方を誤って、それに呑み込まれてしまった。
狂人はひとりで座っているのに、だれかに話しかけている。
彼は話しかけるだけでなく、自分で答えている。
彼は質問し、自分で答え、存在しない相手の代わりに話している。
あなたの目には彼は狂っているように見えるが、彼は実際にいる人間に話しかけているつもりなのだ。
彼の想像のなかでは、その人は現実であって、彼はなにが想像でなにが現実なのか区別できない。
子供たちは区別できないので、夢のなかでよくおもちゃをなくし、朝起きたときに泣き出す、「ぼくのおもちゃはどこ？」
彼らは夢は夢、現実は現実と区別ができない。
だが、彼らはなにかをなくしたのではない。
ただ夢を見ていただけだ。
その境目が曖昧だ。
彼らはどこで夢が終わり、どこで現実が始まるのかわからない。
狂人もやはり曖昧だ。
彼はなにが現実でなにが非現実なのかわからない。
想像力が正しく使われたら、これは想像だとわかるから、あなたは注意深さを失わない。
あなたはそれを楽しみはしても、

それは現実ではないとわかっている。
人びとが瞑想すると、想像力を通じて多くのことが起こる。
彼らは光、色、幻を見るようになり、神と対話をし、イエスとともに歩み、クリシュナとともに踊る。
これらは想像から生じたものだ。
瞑想者はこれらが想像力の働きであることを忘れてはいけない。
それを楽しむのはいい。
それは別に悪いものではない。楽しいものだ。
それが現実だとは考えないこと。
いいかな、観照する意識だけが現実のものだ。
起こることはみんな美しく、楽しむ価値があるかもしれない——楽しみなさい。
クリシュナと踊ることはすばらしい。
悪いことではない。踊りなさい！　楽しみなさい！
だが、これは空想であり、美しい夢なのだということをつねに覚えておくこと。
そのなかで迷ってはいけない。
自分を見失ってしまうと、想像力は危険なものになる。
多くの宗教的な人びとが、じつは空想のなかで生きている。
彼らは空想のなかを行き来して、人生をむだにしてしまう。

心がとる第四の形は眠りだ。
あなたの外向きの意識にとって眠りは無意識を意味する。
意識はみずからの深みに沈んでいる。
活動は停止している。意識的な活動は停止している。
心は機能していない。
眠りとは心が機能していない状態だ。

夢を見ているなら、それは眠りではない。
あなたはちょうど中間に、目覚めと眠りのあいだにいる。
あなたは目覚めを後にしたが、まだ眠りに入っていない。
あなたはちょうど中間にいる。
眠りとはいっさい中身のない状態だ。
心のなかに活動はなく、動きはない。
心は完全に没入し、くつろいでいる。
このような眠りはすばらしい。
それは活力を与えてくれる。
あなたはそれを使うことができる。
この眠りの使い方を知っていたら、それはサマーディにもなる。
というのも、サマーディと眠りはそれほど違わないからだ。
唯一違うのは、サマーディでは、あなたは気づいているということだ。ほかはすべて同じだ。
眠りでもすべて同じだが、ただあなたは気づいていない。
あなたはブッダが入った、ラーマクリシュナが生きた、イエスがわが家を築いた、同じ至福のなかにある。
深い眠りのなかで、あなたは同じ至福の境地にあるが、あなたは気づいていない。
だから朝になって、夕べはよく眠ったと感じる。
朝になって、あなたはさわやかさを、活力を、若々しさを感じる。
朝になって、夕べはぐっすり眠ったと感じる——
が、これは余韻にすぎない。
あなたはなにが起こったのか、現になにが起きたのかわかっていない。あなたは気づいていなかった。
眠りは二つのやり方で使うことができる。
ひとつはたんに自然な休息として。

しかし、あなたはそれさえ失っている。
人びとは十分に眠りに入っていかない。
彼らは始終夢を見ている。
たまにほんの数秒だけ眠りに触れる。
それに触れると、また夢を見はじめる。
眠りの静けさ、眠りの至福の音楽は未知のものになってしまった。あなたはそれを壊してしまった。
自然な眠りさえ破壊されてしまった。
あなたはあまりに動揺し、興奮しているために、心は完全に忘却へと入ることができない。
だが、パタンジャリは言う、自然な眠りは体の健康に好ましく、眠りのなかで注意深くなることができれば、それはサマーディにもなりうる、それは霊的な現象にもなりうる、と。
そのために眠りを目覚めにするための技法がある。
ヨーギは眠っているときも眠ってはいない、
とバガヴァッド・ギータは言う。
彼らは注意力を保っている。
内側のなにかがつねに気づいている。
全身が眠りに落ち、心は眠りに落ちたが、観照がとどまっている。
だれかが見守っている。塔の見張りが続いている。
そのとき眠りはサマーディになる。
それは究極の歓喜《エクスタシー》になる。

記憶が第五の、そして最後の心がとる形だ。
これもまた正しくも間違っても使われうる。
記憶が間違って使われると、それは混乱をつくりだす。
実際、なにかを思い出したとき、本当にそうだっただろうかと、自信が持てないことがある。
あなたの記憶は当てにならない。
あなたはそれに多くのものを付け足すかもしれない。
空想がそれに入り込むかもしれない。
あなたはそれから多くのものを削って、
いろいろと手を加えるかもしれない。
あなたが「私の記憶によれば」と言うとき、それは修正され、変更されている。それは真実ではない。
「子供時代は楽園のようだった」とだれもが言うが、
子供たちを見てみなさい！
今の子供たちも大人になれば、子供時代は楽園だったと言うに違いないが、たったいま彼らはひどい目にあっている。
子供はみんな早く成長して大人になりたいと思っている。
子供はみんな、大人は好き勝手なことをして楽しんでいるからうらやましいと思っている。
大人は権力を握り、なんでもできるが、子供はなにもできない。
子供たちは自分はひどい目にあっていると思っている。
だが、こういった子供たちも、あなたのように成長して大人になると、子供時代はすばらしかった、楽園のようだったと言うようになる。
あなたの記憶は当てにならない。
あなたは想像している。
あなたは過去をでっちあげている。
過去のことに正直ではない。
あなたはそれから多くのものを捨てている。
醜かったすべてのこと、悲しかったすべてのこと、苦しかったすべてのことを捨ててしまう。

すばらしかったことだけを残しておく。
自分のエゴを支えたものだけを覚えておき、支えなかったすべてのものを捨て、忘れてしまう。
だからだれにも捨てられた記憶の巨大な倉庫がある。
そしてあなたの言うことはひとつも真実ではない、
あなたは本当のことを思い出せない。
あなたのすべての中枢が混乱し、
互いに入り込み、状況をかき乱している。
正しい記憶——
ブッダは「正しい記憶」という言葉を瞑想の意味で使った。
パタンジャリは言う、記憶が正しければ、
その人は自分自身に対して真正直であるに違いない、と。
そのとき、そのときに初めて、記憶は正しいものになる。
良いことも悪いことも、なにが起ころうと、
それを変えてはいけない。ありのままに知りなさい。
それはとても難しい。それは至難のわざだ！
あなたは選んでしまう、変えてしまう。
過去をありのままに知ったら、あなたの生全体が変わる。
ありのままの過去を正しく知ったら、あなたはそれを未来でまたくり返したいとは思わない。
今のところ、過去を手直ししてくり返すにはどうしたらいいかと、だれもが考えているが、ありのままの過去を正確に知ったら、あなたはそれをくり返したいとは思わない。
正しい記憶は、あなたがすべての生から解き放たれる弾みになる。
そして記憶が正しければ、あなたは過去生のなかにさえ入っていける。
あなたが正直だったら、あなたは過去生のなかへ入っていける。

そしてたったひとつ望みを抱く——
このすべての愚かさを超える方法を見つけたい。
あなたは過去はすばらしかったと考える。
そして未来はすばらしいものになると考える。
現在だけがうまくいっていない。
だが、過去はほんの数日前までは現在だったし、
未来は数日後には現在になる。
いつだって、現在は決まってよくない——
そして過去はすべてすばらしく、未来はすべてすばらしい。
これが誤った記憶だ。まっすぐに見なさい。
なにも変えてはいけない。過去をありのままに見なさい。
だが、私たちは不正直だ。
男性はみんな父親を憎んでいるが、
だれかに尋ねると、彼は言うだろう、
「私は父を愛しています。私はだれよりも父を尊敬しています」
女性はみんな母親を憎んでいる——
が、尋ねてみると、女性はみんな言う、
「私の母はすばらしい人です」
これが誤った記憶だ。
カリール・ジブラーンの物語がある。

彼は言う——
ある夜、母親と娘がなにかの物音で急に目を覚ました。
二人とも夢遊病で、近所で急に物音がしたとき、二人は眠ったまま庭を歩いていた。二人は夢遊病の患者だった。
母親は夢のなかで娘にこう言っていた、
「おまえのせいだよ、このあばずれ女め。おまえのせいで、私

の青春は終わってしまった。おまえが私を殺したんだ。近頃じゃ家に来る人はみんなおまえばかり見る。私には目もくれない」
娘が若くて美しいと、母親はみなこの深い嫉妬にとらわれる。
それはどんな母親にも起こるが、内側に隠されている。
そして娘はこう言っていた、
「このくそばばあ……。あんたのせいで私は人生を楽しめない。じゃまばかりしている。どこへ行ってもじゃまをし、足手まといになっている。私は恋ができない、なにも楽しめない……」
そこへ急に物音がして、二人は目を覚ました。
母親は言った、
「まあ、こんなところでなにをしてるの？　風邪を引くわよ。家にお入りなさい」
娘は言った、
「いいえ、お母様こそなにをしていらっしゃるの？　具合がよくなかったでしょう。それに夜は冷えるわ。さあ、お母様、ベッドにお入りになって」

最初の対話は無意識から来ていた。
今では二人は目を覚まし、また上辺をとりつくろっている。
今や無意識は引き下がった。意識が前面に出てきた。
今や二人は偽善者だ。
あなたの意識は偽善的だ。
自分の記憶に本当に正直でいたければ、人は厳しい努力を現実に体験しなければならない。
その代償がなんであろうと、あなたは正直でいないといけない。
赤裸々に正直でいないといけない。
自分が父親について、母親について、兄弟について、姉妹について、実際にどう考えているか知らないといけない。本当のところを。
そして過去になにがあったにしても、それをごまかしたり、変えたり、美化したりしてはいけない。
そのままにしておきなさい。
もしこれが起こったら、そのとき——
とパタンジャリは言う——
それが解放になる。
あなたはそれを落とす。
そのすべてがばかげているので、
あなたはそれをまた未来に投影したいとは思わない。
あなたはもはや偽善者ではない。
あなたは真実で、正直で、誠実だ。
あなたは真正になる。
真正になったとき、あなたは岩盤のようになる。
なにものもあなたを変えられない。
なにものも混乱をつくりだせない。
あなたは剣のようになる。
あなたはいつでも間違ったものを切り捨てられる。
あなたは正と誤を見分けられる。
そのとき心の明晰さが達成される。
この明晰さが、あなたを瞑想へと導く。
この明晰さが成長のための、
彼方へと成長するための基盤となる。

Chapter 3

持続的な努力が鍵となる

Constant Effort is the Key

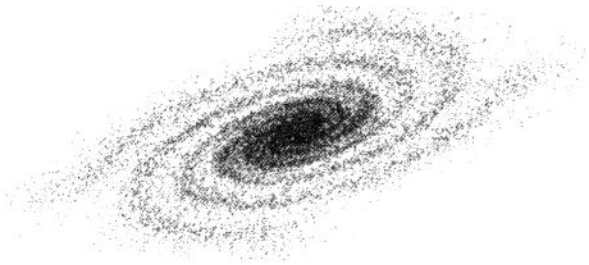

ヴァイラーギア、離欲の始まりの状態とは、意識的な努力によって、感覚的快楽を欲しいままに求めるのをやめることだ。
ヴァイラーギア、離欲の終わりの状態とは、プルシャ、至高の自己の深奥の本性を知ることにより、あらゆる欲望が止滅することだ。

アビアーサとヴァイラーギア、持続的な内側の実践と離欲、
これがパタンジャリのヨーガの二つの基本原理だ。
持続的な内側の努力が必要なのは、なにかを達成しなければならないからではなく、間違った習慣があるからだ。
この闘いは本性との闘いではない、
この闘いは習慣との闘いだ。
本性はあなたの内側にあって、いつでも流れようとしているが、それとひとつになろうとするとき、あなたには間違った習慣のパターンがある。
これらの習慣が障害をつくりだす。
この闘いは、これらの習慣との闘いだ。
それが打ち破られないかぎり、あなたに内在する本性は流れられず、動けず、みずからの天命に達しえない。
だから最初に覚えておくこと――
この闘いは本性との闘いではない。
この闘いは間違った生い立ち、間違った習慣との闘いだ。
あなたは自分自身と闘っているのではない。
あなたは自分に付着したほかのなにかと闘っている。
このことが正しく理解されないと、あなたの全努力が間違った方向へと行きかねない。
あなたは自分自身と闘いはじめるかもしれない。
自分自身と闘いはじめたら、あなたの闘いに勝ち目はない。
あなたはけっして勝利できない。
だれが勝利し、だれが敗北するのか？
というのも、あなたはその両方だからだ。
闘っている者と闘いを挑んでいる相手は同じだ。
私の両手が闘いはじめたら、だれが勝利するのか？

自分自身と闘いはじめたら、あなたはお終いだ。
そしてじつに多くの人たちが、その真剣な努力のなかで、
精神的な真理の探求のなかで、この過ちを犯している。
彼らはこの過ちの犠牲者になる。
彼らは自分自身と闘いはじめる。
自分自身と闘ったら、あなたはもっと狂っていく。
あなたはもっと分断されていき、分裂してしまう。
あなたは分裂症になる。
これが西洋で起こっていることだ。
キリスト教は教えた——
キリストではなく、キリスト教が教えた——
自分自身と闘い、自分自身を非難し、自分自身を否定することを。
キリスト教は低いものと高いもののあいだに巨大な裂け目をつくりだした。
あなたのなかに低いものも高いものもないが、キリスト教は低い自己と高い自己、または肉体と魂について語り、結果的にあなたを分割し、闘いをつくりだす。
この闘いは際限のないものになる。
それはあなたをどこへも導かない。
最終的には自己破壊、分裂症的な混乱にしか行き着かない。
それが西洋で起こっていることだ。
ヨーガはあなたを分割しない。
だが、それでも闘いはある。
この闘いはあなたの本性との闘いではない。
むしろ反対に、この闘いはあなたの本性のための闘いだ。
あなたは多くの習慣を身につけている。
こういった習慣は多くの生の間違ったパターンの結果だ。

これら間違ったパターンのおかげで、あなたの本性は自然に動くことができず、自然に流れることができず、
その天命をかなえることができない。
これらの習慣が打ち壊されなければならない。
それは習慣にすぎない！
あなたはそれに中毒しているから、あなたには本性のように見えるかもしれない。
それに同化しているかもしれないが、それはあなたではない。
この区別を心のなかではっきりさせておかないといけない。
そうでないと、あなたはパタンジャリを誤解するかもしれない。
外側からあなたのなかに入ってきたもので、間違っているものが打ち壊されなければならない。
あなたのなかにあるものが流れて、開花できるように。
アビアーサ、持続的な内側の実践は、習慣との闘いだ。
その第二、第二の基本原理はヴァイラーギア、離欲だ。
これもまたあなたを間違った方向へと導きかねない。
そして注意すべきは、これらは規則ではなく、
ただの道しるべだということだ。
それらは規則ではないと言うとき、私が言おうとするのは、あたかも強迫観念のように、それらに従ってはいけないということだ。
それらは理解されるべきだ。その意味が、その意義が。
そしてその意義があなたの人生に持ち込まれるべきだ。
それは各人で違ったものになるだろう、
それは固定した規則ではない。
あなたはそれに教条的に従うべきではない。
あなたはその意義を理解し、それが自分のなかで育つようにすべきだ。

開花は個人によって違ったものになる。
だから、これは死んだ教条的な規則ではなく、
道しるべにすぎない。
それは方向を指し示す。
それはあなたに細かな規則を与えない。
それで思い出したが、

あるとき、ムラ・ナスルディンが博物館で門番をしていた。その仕事を任された日、彼は尋ねた、「どんな規則があるんですか？」そこで彼は門番が守るべき規則書をもらった。彼はそれを暗記した。細かな規則も忘れないように頭にたたき込んだ。

そして仕事の最初の日、最初の入場者がやって来た。ナスルディンは入場者に言った、傘は門の外に、自分のところに置いていくように、と。入場者はびっくりした。その人は言った、「でも、私は傘なんて持っていませんよ」

するとナスルディンは言った、「でしたら、あなたは戻らないといけません。傘を持ってきてください。というのも、それが規則だからです。入場者は傘を外に、私のところに置いていかないと、なかに入れないのです」

規則に取りつかれている人たちがたくさんいる。
彼らは盲目的に従う。
パタンジャリは、あなたに規則を与えようとしない。
彼の言うことはいずれも道しるべにすぎない。
従うのではなく、理解されるべきだ。
従うことは、その理解から生まれてくる。
その逆はありえない。

規則に従えば、理解は生まれてこない。
規則を理解したら、遵守はひとりでに影のようについて来る。
離欲は道しるべだ。
それに規則のように従ったら、あなたは自分の欲望を殺すようになる。
多くの人がそれをやった。何百万の人がそれをやった。
彼らは自分の欲望を殺すようになる。
もちろん、それは公式通りだ、理に適っている。
離欲を達成しようとしたら、それが最善の方法だ――
すべての欲望を殺せばいい。
そうしたらあなたには欲望がなくなる。
だが、あなたもいっしょに死んでしまう。
あなたは規則に忠実に従ったが、すべての欲望を殺すとき、
あなたは自分自身を殺している、自殺している。
というのも、欲望はたんに欲望であるだけでなく、
生命エネルギーの流れだからだ。
離欲はなにものも殺すことなく達成されなければならない。
離欲はより多くの生命、より多くのエネルギーとともに達成されなければならない――より少しのではなく。
例えば、肉体を飢えさせたら簡単に性欲を殺せる。
なぜなら、性欲と食べ物は深くかかわっているからだ。
食べ物はあなたの生存、個人の生存のために必要なもの、
セックスは種族の、種の生存のために必要なものだ。
それらはいずれもある意味で食べ物だ。
食べ物がなければ個人は生き延びられない。
セックスがなければ種族は生き延びられない。
だが、個人が基本になる

個人が生き延びられなかったら、種族の生存は問題外だ。
だから肉体を飢えさせたら、肉体にほんの少しの食べ物しか与えず、それでつくられたエネルギーを、歩いたり、座ったり、眠ったりといった日常的な活動に使いきってしまい、余分なエネルギーを残さないようにしたら、性欲は消え失せてしまう。
というのも、セックスは個人が余分な、生存に必要とされる以上のエネルギーを集めたときに初めて存在できるからだ。
そのときには肉体は種族の生存について考えることができる。
あなたが危険にさらされていたら、体はセックスのことなどあっさり忘れてしまう。
断食がこれほどもてはやされるのはそのためだ。
断食をしたら性欲は消え失せてしまう。
だが、これは離欲ではない。
さらに死んだようになり、さらに活力を失っていくだけだ。
インドの僧侶たちはまさにこの目的でひんぱんに断食をしてきた。
というのも、ひんぱんに断食をし、年中飢餓療法のようなことをしていると、性欲は消え失せてしまうからだ。
ほかにはなにもいらない——
心の変容も、内なるエネルギーの変容も。
ただ飢えるだけ。やがてあなたは飢餓に慣れてしまう。
そしてこれを何年もやったら、あなたはセックスの存在すら忘れてしまう。
エネルギーがつくりだされない。
エネルギーは性中枢へと動いていかない。
動いていくエネルギーがない！
その人は生きながら死んでいるようなものだ。
そこにセックスはない。

だが、これはパタンジャリが言おうとしていることではない。
これは離欲の状態ではない、それは不能の状態にすぎない。
そこにはエネルギーがない。
体に十分な食べ物を与えたら、あなたが30年も40年も体を飢えさせてきたとしても、たちまちセックスが再現してくる。
あなたは変わっていなかった。
セックスは隠れていただけで、エネルギーが流れるのを待っていた。
エネルギーが流れさえしたら、それはまたよみがえってくる。
では、なにを判断の基準にしたらいいのか？
この基準を覚えておきなさい。
より生き生きとし、よりエネルギーに満ちあふれ、活力にみなぎり、そして無欲になることだ。
離欲があなたをもっと生き生きとさせるなら、そのときにのみ、あなたは正しい方向へと進んでいる。
それがあなたを死人のようにしかしないなら、あなたは規則に従っているだけだ。
規則に従うのは簡単だ。いかなる知性もいらない。
規則に従うのは簡単だ。ちょっとしたごまかしでもそれができる。
断食はちょっとしたごまかしだ。
それには大した中身はない。そこから知恵は生まれてこない。
オックスフォード大学でひとつの実験が行われた。
30日間、20人の学生たちが完全に絶食をした。
若くて、健康的な青年たちだ。
７日目か８日目になると、彼らは女性への関心を失いはじめた。
ヌード写真を見せられても、彼らは無関心だった。
この無関心は肉体のレベルに限ったことではなく、彼らの心もまた関心を示さなかった。

というのも、現在では心の状態を調べる方法があるからだ。
若くに健康的な青年が女性のヌード写真を見ると、彼の瞳孔は大きくなる。ヌードの映像を取り込むためにもっと開く。
そして人間は自分の瞳孔をコントロールできない。
それは随意的なものではない。
だからセックスに興味はないと口では言っていても、一枚のヌード写真が、あなたが興味を持っているかいないかを明らかにする。
そして自分ではなにもできない。
目の瞳孔は自分ではコントロールできない。
瞳孔が拡大したのは、それをもっと開かせようとする、とても興味深いものが目の前に現れたからだ。
それはシャッターのように、より多くを取り入れようと、もっと開く。
綿密な検査が行われ、オックスフォードの学生たちが興味を持っているかどうかが確かめられた。
興味は失われていた。だんだんと興味がなくなっていった。
彼らは夢のなかでも女性を見なくなり、性的な夢を見ないようになった。
２週目には、14日目か15日目になると、彼らは死人のようになってしまった。
きれいな若い女性がそばに来ても、彼らは見向きもしなかった。
だれかが卑猥なジョークを言っても、彼らは笑わなかった。
彼らは30日間絶食し、そして30日目になると、グループの全員が性欲を失っていた。
彼らの心のなかにも、体のなかにもセックスはなかった。
そして再び彼らに食物が与えられた。
その最初の日から、彼らは元通りになってしまった。

翌日には興味がわいてきて、３日目までに、30日間飢えていたものがすっかりなくなってしまった。
今や彼らはたんに興味を持つだけでなく、異常なまでの関心を示した——その空白期間の反動のように。
数週間、彼らはセックスに取りつかれたようになり、朝から晩まで女性のことばかり考えていた。
体のなかに食べ物が入ると、再び女性のことが重要になった。
だが、これは世界中の多くの国々で行われてきたことだ。
多くの宗教がこの断食を行ってきた。
そして人びとは自分はセックスを超越したと考えるようになる。
セックスは超えることができるが、断食はその方法ではない。
それはごまかしだ。
そしてこれはいろいろな方面へと応用が利く。
断食をすると、あなたはあまり腹が立たなくなり、そして断食が習慣になってしまうと、多くのことがあなたの人生から簡単に落ちていく。
というのも、その基盤が落ちたからだ。
食べ物が基盤だ。
あなたにより多くのエネルギーがあると、あなたはより多くの次元で活動できる。
あふれるほどのエネルギーに満ちていると、そのあふれるほどのエネルギーが、あなたを多くの多くの欲望へと導いていく。
欲望とはエネルギーのはけ口にほかならない。
だから二つのやり方ができる。
ひとつは欲望がなくなって、エネルギーが残る。
もうひとつは、エネルギーが捨てられて、欲望が残る。
エネルギーを捨てるのはいちばん簡単だ。

ただ手術を受ければ、去勢すれば、セックスは消えてなくなる。
いくつかのホルモンをあなたの体から取り除いてもいい。
それが断食のやっていることだ。
いくつかのホルモンが消えると、あなたはセックスレスになる。
だが、これはパタンジャリが目標にしていることではない。
エネルギーをとどめたままで欲望が消えるべきだ、とパタンジャリは言う。
欲望が消えて、エネルギーに満たされたとき、そのとき初めて、あなたはヨーガが到達をめざす至福の境地を達成できる。
生気のない人は彼方へと到達できない。
彼方はあふれるようなエネルギー、ありあまるエネルギー、エネルギーの大海によって初めて達成される。
だから、これがつねに覚えておかれるべき第二のことだ――
エネルギーを壊してはいけない、欲望を壊しなさい。
それは難しいだろう。
それは厳しく、困難なものとなるだろう。
なぜなら、あなたの存在の全面的な変容が求められるからだ。
だが、パタンジャリはそれを支持する。
だから彼はヴァイラーギア、離欲を二つの段階に分ける。

経文に入ることにしよう。
最初に――

ヴァイラーギア、離欲の始まりの状態とは、意識的な努力によって、感覚的快楽を欲しいままに求めるのをやめることだ。

多くの意味が含まれている、それらが理解されなければならない。

ひとつには、感覚的な快楽にふけること——
どうしてあなたは、感覚的な快楽を求めるのか？
どうして心は、いつもなにかに耽溺しようとするのか？
どうしてあなたは、いつもいつも同じ耽溺のパターンに落ち入るのか？
パタンジャリにとって、そして知ったすべての者たちにとって、あなたの内側が至福に満たされていないことがその原因だ。
だから快楽を求める欲望がある。
快楽指向の心があるのは、今のままでは、今の状態では、あなたは不幸だからだ。
あなたがどこかほかに幸福を求めつづけるのはそのためだ。
不幸せな人は欲望に走るしかない。
欲望は不幸せな心が幸福を求めるやり方だ。
もちろん、この心はどこにも幸福を見つけられない。
いくつか一瞥を得るのが精いっぱいだ。
こういった一瞥は快楽としてやって来る。
快楽とは幸福をかいま見ることだ。
そして間違っているのは、この快楽を求める心が、このような一瞥や快楽はよそからやって来ると考える点だ。
それはつねに内側からやって来る。
これを理解してみよう。あなたはある人と恋をしている。
あなたはセックスにいたる。
セックスは快楽の一瞥をもたらす。
それは幸福の一瞥をもたらす。
一瞬だけ、あなたはほっとする。
すべての苦しみが消えて、すべての精神的苦痛はもはやない。
一瞬だけ、あなたは今ここにいて、すべてを忘れている。

一瞬だけ、過去もなく未来もない。
このため——過去もなく未来もなく、一瞬だけ、あなたは今ここにいるため——エネルギーが内側から流れ出る。
内なる自己がこの瞬間に流れて、あなたは幸福の一瞥を得る。
だが、あなたは、一瞥は相手から、相手の女性や男性からやって来ていると考える。
それは女性や男性からやって来ているのではない。
それはあなたから来ている！
相手は、あなたが現在のなかに落ちて、未来と過去から抜け出すことを助けたにすぎない。
相手はあなたがこの瞬間の現在性《ナウネス》に至るのを助けたにすぎない。
この現在性にセックスなしで至れたら、セックスは少しずつ無用なものとなっていく。それは消えてしまう。
それはもはや欲望ではなくなる。
そのなかに入りたければ、欲望としてではなく、
戯れとして、そのなかに入ることができる。
そのとき、あなたはそれに依存していないから、
そこに強迫観念はない。
いつか木の下に坐ってみなさい——
早朝、まだ太陽が昇っていないときに。
というのも、太陽が昇ると、あなたの体はかき乱されて、
内側に安らぐことが難しくなるからだ。
東洋の人びとがいつも夜明け前に瞑想してきたのはそのためだ。
彼らはそれをブラフマムフルト、神聖な瞬間と呼んだ。
彼らの言うとおり、太陽があると、エネルギーが高まり、
それはあなたがつくった古いパターンで流れはじめる。
太陽がまだ地平線に昇っていないとき、

なにもかもが静かで、自然は眠りについている。
木々は眠り、鳥たちは眠り、全世界が眠っている。
あなたの体も内側で眠っている。
あなたは木の下で坐るためにやって来た。
なにもかも静かだ。
ここに、この瞬間にいようとしてみなさい。
なにもしてはいけない。瞑想さえしてはいけない。
いっさい努力をしないこと。
ただ目を閉じて、この自然の静寂のなかで静かにしている。
突然、あなたはセックスを通じて得てきたのと同じ一瞥を得る。
あるいはもっと大きな、もっと深い一瞥を。
突然、あなたは内側からエネルギーが勢いよく流れ出すのを感じる。
今ならあなたも騙されない。
そこに「相手」がいないからだ。
それは明らかに自分から来ている。
明らかに内側から流れ出ている。
だれかがあなたにもたらしたのではない。
あなたはそれを自分自身にもたらしている。
だが、その状況が必要だ——
静けさ、エネルギー、興奮のなさが。
あなたはなにもしないで、ただその木の下にいる。
そしてあなたは一瞥を得る。
これはじつはありきたりの快楽ではない。それは幸福だ。
なぜなら、今やあなたは正しい源泉、正しい方角を向いているからだ。
それさえわかったら、あなたはセックスのときも、相手は鏡にすぎなかったことに気がつく。

自分が彼や彼女のなかに映っていたにすぎなかった。
そしてあなたも相手にとっての鏡だった。
あなた方はお互いが現在へと入り込み、思考する心から無思考の存在状態へと抜け出すのを手伝っていた。
心がおしゃべりに満たされるほど、いっそうセックスは魅力的なものになる。
東洋ではセックスは強迫観念ではなかった。
西洋ではそうなってしまった。
映画、物語、小説、詩、雑誌――あらゆるものが性的になった。
セックスアピールがないとなにも売れない。
車を売ろうとしたら、それを性的対象として売らざるをえない。
歯磨きを売りたかったら、なんらかのセックスアピールに訴えるしかない。
セックスがないとなにも売れない。
セックスが市場を牛耳っているようなものだ。
ほかのものはまったく重要ではない。
あらゆる意味がセックスを通じてやって来る。
心全体がセックスに取りつかれている。
なぜだろう？
なぜ今までこういうことが起こらなかったのか？
これは人間の歴史では新しいことだ。
その理由は、今や西洋の人びとは完全に思考に巻き込まれているので、セックスを通じてしか今ここにいられないからだ。
セックスが唯一の可能性として残ったが、それさえもなくなろうとしている。
現代人には、こんなことさえ可能になった。
彼はセックスをしながらほかのことを考えられる。

セックスをしながら同時にほかのことを考えられるようになると——銀行の預金のことや、頭のなかで友人と会話をしたり、ここでセックスをしながら心はどこかほかへ行っていたり——セックスもお終いになってしまう。
もはやそれは退屈なもの、つまらないものでしかない。
というのも、セックスが「それ」ではなかったからだ。
「それ」が得られたのは、性的なエネルギーが急激に動くとき、あなたの心が停止にいたり、セックスが取って代わったからだ。
エネルギーが急激に、活発に流れると、あなたの日常の思考パターンが止まる。
こんな話がある——

あるとき、ムラ・ナスルディンが森のなかを歩いていた。彼はしゃれこうべに出くわした。いつものように、ちょっとした好奇心から、彼はしゃれこうべに尋ねた、「どうしてこんなことになったんですか？」

驚いたことに、しゃれこうべが言った、「おしゃべりがたたったんですよ」

ナスルディンはわが耳を疑った。だが、確かにそれを聞いたから、彼は王様の宮殿まで駆けていった。彼は王様に言った、「奇跡を見ました！　しゃれこうべが、話をするしゃれこうべが、村のすぐそばの森のなかにあります」

王様も耳を疑ったが、彼は好奇心が強かった。家来全員を従えて、彼らは森のなかに入っていった。ナスルディンはしゃれこうべのそばへ行くと、また同じ質問をした——「どうしてこんなことになったんですか？」だが、しゃれこうべはなにも言わなかった。彼は何度も何度も尋ねたが、しゃれこうべは死んだように黙っていた。

王様は言った、「前からわかっていたぞ、ナスルディン、おまえが嘘つきだということはな。しかし、今回はちょっとやりすぎたな。これだけふざけたことをやったんだから、それなりの報いを受けねばならぬ」彼は衛兵にナスルディンの首をはねて、しゃれこうべのそばに捨て、蟻の餌にでもしてしまえと命じた。

みんなが去っていって、王様も衛兵もいなくなると、しゃれこうべがまた口を開いた。それは尋ねた、「どうしてこんなことになったんですか？」

ナスルディンは答えた、「おしゃべりがたたったんですよ」

おしゃべりが人間をこんなふうにしてしまった——
それが今日の状況だ。
おしゃべりしつづける心はどのような幸福も、どのような幸福の可能性も許そうとはしない。
というのも、静かな心だけが内側を見ることができるからだ。
静かな心だけが静寂を聞くことができる、
つねにそこに沸き立っている幸福の音を。
それはとても微妙なので心の騒音があると聞こえない。
セックスのなかでだけときにその騒音が止まる。
私は「ときに」と言う——
セックスも習慣になってしまったら、夫と妻のそれのように、そうなったら騒音は止まらない。
行為全体が自動的なものになり、心は勝手に動きつづける。
そうなったらセックスもまた退屈なものになる。
あなたに一瞥を与えられるものにはみんな魅力がある。

一瞥が外側からやって来るように見えても、それはいつも内側からやって来る。
外側のものは鏡になるにすぎない。
内側から流れ出た幸福が外側に反映されると、それは快楽と呼ばれる。
これがパタンジャリの快楽の定義だ——
幸福が内側から流れ出て、外側が鏡になり、
外側のどこかに反映する。
この幸福は実際に外側からやって来ている、とあなたが考えたとき、それは快楽と呼ばれる。
私たちは快楽を求めているのではない。私たちは「幸福」を求めている。
だから、幸福の一瞥が得られるまで、あなたは快楽の追求をやめることができない。
耽溺とは快楽の追求のことだ。
二つの点で意識的な努力が必要となる。
ひとつ、快楽の瞬間を感じたときはいつも、それを瞑想的な状況へと変えなさい。
自分は快楽を経験している、幸せだ、楽しいと感じたときはいつも、目を閉じて内側を向き、それがどこからやって来ているか見てみなさい。
この瞬間を見逃してはいけない。これは貴重だ。
意識的でなかったら、あなたは依然として、それは外側から来ていると考えつづけるが、それが「世間」という誤謬だ。
あなたが意識的で、瞑想的なら、あなたが本当の源泉を探し求めているなら、遅かれ早かれ、それが内側から流れ出ていることに気がつくだろう。

それはいつも内側から流れ出している、自分はすでにそれを持っているとわかったら、耽溺は落ちる。
そしてこれが離欲の第一歩になる。
もはやあなたは求めてはいない、欲しがってはいない。
あなたは欲望を殺してはいない、欲望と闘ってはいない――
もっとすばらしいものを見つけたからだ。
欲望はもはやそんなに重要なものには見えない。
それは色あせていく。
これを覚えておきなさい――
欲望を殺したり壊したりしてはいけない。
それらは色あせていく。あなたはただそれらを無視する。
というのも、あなたにはもっとすばらしい源泉があって、それに磁石に引かれるように引き寄せられていくからだ。
今ではあなたの全エネルギーが内側へと向かっていく。
欲望はたんに無視される。あなたはそれと闘っていない。
それと闘ったら、あなたはけっして勝てない。
それはちょうど手に石を、きれいな色の石を持っているあなたが、ふとダイヤモンドがあることに、それがあちこちに落ちていることに気づくようなものだ。
あなたはダイヤモンドを手に握ろうとして、色のついた石を投げ捨てる。
あなたは石と闘っていない。
ダイヤモンドがそこにあったら、あなたはすぐに石を投げ捨てる。
それはもはや意味がない。
欲望の意味がなくならないといけない。
あなたが闘ったら、その意味がなくなることはない。
じつのところ、反対に、あなたは闘うことによって、それにさらに意味を与えてしまうかもしれない。それはいっそう重要なものになる。
まさにこれが起こっている。
なにかの欲望と闘っている人は、その欲望が心の中心になる。
あなたがセックスと闘っていると、セックスが中心になる。
あなたはいつもそのことが気になって、そのことで頭がいっぱいになる。
それは傷口のようになる。あなたがなにを見ようと、その傷口がすぐに自分を投影し、見るものすべてが性的なものになる。
心にはメカニズムがある、
闘うか逃げるかの古い生き残りのメカニズムが。
心のやり方には二つある——
あなたはなにかと闘うか、それから逃げ出すか、そのどちらかだ。
強かったら、あなたは闘う。弱かったら、あなたは逃げ出す。
命からがら逃げ出す。
だが、いずれの場合でも「相手」が重要になる、
「相手」が中心になる。
あなたは世間と闘うか、またはそれから逃げ出す——
欲望が許される世界から。
あなたはヒマラヤへ行くかもしれない。
それもまた闘いだ——弱者の闘いだ。
こんな話がある——

　あるとき、ムラ・ナスルディンが村で買い物をしていた。彼はロバを通りにつないで、なにかを買うために店のなかに入った。店から出てきたとき、彼はそこで見たものに激怒した。だれかが彼のロバを真っ赤に、赤一色に塗ってしまっていた。それで彼は激怒して、こう叫んだ、「だれがこんなことをした？

そいつをぶっ殺してやるぞ！」

小さな男の子がそこに立っていた。その子は言った、「これをやった人はいま酒場のなかに入っていったよ」

それでナスルディンはかんかんに怒って、酒場のなかへ飛び込んでいった。彼は言った、「だれがあんなことをした？　おれのロバを塗ったのはどこのどいつだ？」

ずいぶん大柄な、いかにも強そうな男が立ち上がって、こう言った、「おれだよ。それがどうした？」

ナスルディンは言った、「ありがとうございます。すばらしい出来映えですね。そろそろ下塗りが乾いたと、お知らせにあがったんですよ」

あなたが強かったら、あなたはいつも闘おうとする。
あなたが弱かったら、あなたはいつも逃げ出そう、逃走しようとする。だが、いずれの場合でも、あなたのほうが強いわけではない。
いずれの場合でも、相手があなたの心の中心を占めている。
闘うか逃げるか、この二つの態度があるが、どちらも間違っている。
なぜなら、どちらを通じても心が強められるからだ。
パタンジャリは第三の可能性があると言う——
闘いもせず、逃げもせず、ただ注意深くあること。
ただ意識的であること。
どんな場合でも、ただ観照者でいること。
意識的な努力とは、ひとつには内なる幸福の源泉を探すこと、
ふたつには古い習慣のパターンを観照することだ。
それと闘うのではなく、ただそれを観照する。

ヴァイラーギア、離欲の始まりの状態とは、意識的な努力によって、感覚的快楽を欲しいままに求めるのをやめることだ。

「意識的な努力」が鍵だ。意識が求められるが、努力もまた必要だ。
そしてその努力は意識的なものでないといけない。
なぜなら、無意識の努力というものもあるからだ。
あなたがそんなふうにしつけられたせいで、自分でも知らないうちに、なんらかの欲望を落としているということがある。
例えば、菜食主義の家庭に生まれたら、あなたは菜食の食べ物を食べるようになる。
非菜食の食べ物は最初から問題外だ。
あなたはそれを意識的に落としたのではない。
あなたはそのように育てられたので、無意識のうちに、それは自動的に落ちている。
だが、これはあなたに高潔さをもたらさない。
これはあなたに精神的な強さをもたらさない。
あなたが意識的にやらなければ、それは本当には身につかない。
多くの社会が子供たちにこれをやろうとした。
いくつかの好ましくないことが、最初から彼らの人生に入り込まないように、子供たちは育てられる。
それはうまくいくが、それからは得られるものはなにもない。
というのも、本当に得なければならないのは意識だからだ。
そして意識は努力を通じて得られる。あなたが努力なしでなにかに条件付けられたら、実際にはなにも得られていない。
だから、インドには多くの菜食主義者がいる——ジャイナ教徒、バラモン階級、多くの人たちが菜食主義者だ。
だが、本当のものは身についていない。なぜなら、ジャイナ教徒の家庭に生まれたから菜食主義者だというのでは、なんの意味もないからだ。
それは意識的な努力ではない。
あなたはそのことでなにもやっていない。
非菜食の家庭に生まれていたら、あなたも同じように非菜食の食べ物に親しんでいただろう。
なんらかの意識的な努力がなされなければ、あなたの結晶化はけっして起こらない。
あなたは自分からなにかをしないといけない。
自分でなにかをしたら、あなたはなにかを身につける。
意識なしではなにものも身につかない。
そのことを覚えておきなさい。
それは根本原理のひとつだ。
意識なしではなにものも身につかない！
あなたは完全無欠の聖者になるかもしれないが、意識を通じて高徳になったのでなければ、それはむなしいこと、無益なことだ。
あなたは一歩また一歩と苦闘しなければならない。
なぜなら、苦闘にはより多くの意識が必要とされるからだ。
より多くの意識を投入するほど、あなたはいっそう意識的になる。
そしてあなたが純粋な意識になる瞬間がやって来る。
最初の段階は——

意識的な努力によって、感覚的快楽を欲しいままに求めるのをやめることだ。

どうしたらいいのか？
なんらかの快楽を味わっているとき——

セックス、食べ物、金銭、権力、なんであれ快楽をもたらすもの――
それに瞑想しなさい。
見つけようとしなさい。それはどこからやって来るか？
自分が源泉なのか、または源泉はほかにあるのか？
源泉がほかにあるなら、変容の可能性はまったくない。
なぜなら、あなたはその源泉に依存しつづけるからだ。
だが、幸いにも源泉はほかの場所にはない。
それはあなたの内側にある。
瞑想をしたら、あなたはそれを見つける。
それはいつも内側からノックしている――
「私はここにいる！」と。
それがいつもノックしている感じがつかめたら、そして今まではそれが起こる状況を外側につくっていただけだったなら、今やその状況がなくてもそれは起きる。
今ではあなたはだれかに、食べ物に、セックスに、権力に、
なにも依存しなくていい。
あなたは自分ひとりで満ち足りている。
この感じ、この満ち足りているという感じに至りさえしたら、耽溺は、耽溺する心は、放縦な心は消えてなくなる。
あなたは食べ物を楽しまないというのではない。
あなたはそれをもっと楽しむ！
だが、今では食べ物が幸福の源泉ではなく、あなたが源泉だ。
あなたは食べ物に依存してはいない。
あなたはそれに中毒してはいない。
あなたはセックスを楽しまないというのではない。
あなたはもっと楽しむことができるが、今やそれは戯れ、遊びだ。

それはたんにお祝いだ。あなたはそれに依存していない。
それが源泉ではない。
そして二人が、二人の恋人が相手は自分の快楽の源泉ではないと知ることができたら、彼らはお互いと喧嘩をしなくなる。
初めて相手を愛するようになる。
そうでなければ、自分が多少でも依存している人を、あなたは愛することができない。
あなたは彼を憎む。
相手は依存の象徴だからだ。
相手がいないと幸せになれないとしたら、彼が鍵を握っている。
あなたの幸福の鍵を握っている人物は看守だ。
恋人たちが喧嘩をするのは、相手が鍵を握っていると考えるからだ。
「彼は私を幸福にも不幸にもできる」と。
自分がみずからの幸福の源泉であり、相手もみずからの幸福の源泉だとわかったなら……。
あなたは幸福を分かち合うことができる。
それは可能だが、あなたは依存していない。
あなたは分かち合える、ともに祝うことができる。
それが愛というものだ——
ともに祝うこと、ともに分かち合うこと、相手に幸福を求めようとせず、相手を搾取しないこと。
搾取が愛であるはずがない。
あなたは相手を手段として利用し、そして手段として使われた人はあなたを憎む。恋人たちがお互いを憎むのは、彼らがお互いを利用し搾取しているからだ。
そしてもっとも深いエクスタシーであるはずの愛がもっとも醜い地獄になってしまう。

だが、自分がみずからの幸福の源泉であり、他のだれかが源泉ではないとわかったら、あなたはそれを気前よく分かち合える。
もはや相手はあなたの敵ではない——親密な敵ですらない。
そのとき初めて友情が生まれる。
あなたはなんであれ楽しむことができる。
そして自由になって初めて、あなたは楽しむことができる。
自立した人だけが楽しむことができる。
食べ物に夢中で、取りつかれている人は楽しめない。
腹を満たすことはできるが、楽しめない。
彼の食べ方は暴力的だ。
それは一種の殺しだ。彼は食べ物を殺している。
彼は食べ物を破壊している。
そして自分の幸福は相手に依存すると感じている恋人たちは闘い、相手を支配しようとしている。
彼らは相手を殺そう、相手を破壊しようとしている。
源泉は内側にあるとわかっていたなら、
なんであれもっと楽しむことができる。
そのとき、生全体がひとつの遊びとなり、
あなたはそのときどきを祝いつづけることができる、
いつまでも果てしなく。
これは最初の段階であり、努力が伴う。
意識と努力によって、あなたは離欲を達成する。
これは最初だ、とパタンジャリが言うのは、努力でさえ、意識でさえ好ましくはないからだ。
なぜなら、それはなにかの苦闘、なにかの隠れた苦闘がいまだに続いていることを意味しているからだ。
ヴァイラーギアの第二の、そして最後の段階、離欲の最終的な状態は――

プルシャ、至高の自己の深奥の本性を知ることにより、あらゆる欲望が止滅することだ。

最初、あなたが知らねばならないのは、自分に起こるすべての幸福の源泉は自分にあるということだ。
次に、あなたが知らねばならないのは、みずからの内なる自己の本性すべてだ。
まずあなたが源泉だ。次に、その源泉とはなにか？
最初は、これだけで十分だ――
あなたはみずからの幸福の源泉だ。
そして次に、そもそもこの源泉とはなんなのか、
このプルシャ、内なる自己とは？
それが「私はだれか」の全体を知ることだ。
この源泉の全体を知ったなら、あなたはすべてを知っている。
そのとき、全宇宙が内側にある――幸福だけでなく。
そのとき、すべての存在が内側にある――幸福だけでなく。
そのとき、神は雲の上のどこかに坐ってはいない。
神は内側にある。
そのとき、あなたが源泉、すべてが生まれる源泉だ。
そのとき、あなたが中心だ。
あなたが実在の中心になれば、自分が実在の中心だと知れば、すべての苦しみが消えてなくなる。
今や離欲は自然なもの、サハジになる。
努力も、奮闘も、持続もいらない。これがありのままだ。
それは自然なものになっている。

あなたはそれを押すことも引くこともしない。
今では押したり引いたりする「私」がいない。
これを覚えておきなさい——苦闘が自我をつくる。
あなたが世間で苦闘すると、それは粗雑なエゴをつくる。
「私は金があり、名声があり、権力があるひとかどの人間だ」という。
あなたが内側で苦闘すると、それは微妙なエゴをつくる。
「私は純粋だ、私は聖者だ、私は賢者だ」という。
だが、苦闘にはまだ「私」が残っている。
だからとても微妙な自我を持った宗教的なエゴイストたちがいる。
彼らは世俗の人びとではないかもしれない。
確かに違う。彼らは超俗的だ。
しかし、苦闘がそこにはある。
彼らはなにかを「達成」した。
その達成にはいまだ「私」の最後の影がつきまとっている。
離欲の第二の、そして最後のステップは、パタンジャリにとっては、自我の全面的な消滅だ。
ただ自然が流れている。
「私」はなく、意識的な努力はない。
あなたには意識がないというのではない。あなたはまったく意識的だ。
しかし、意識的であることに努力が伴っていない。
そこには自意識がない。
純粋な意識だけ。
あなたは自分自身と実在をあるままに受け容れている。
全面的な受容——
これこそ老子が「道《タオ》」と呼ぶもの、海へと流れゆく川だ。
川はまったく努力をしていない。

それは海へ着こうと焦ってはいない。
たとえ着かなくても、川が失望することはない。
たとえ何百万年もかかって着いたとしても、すべてはオーケーだ。
川はただ流れている。流れることがその本性だ。
そこに努力はない。それはただ流れていく。
欲望が初めて注目されて観察されると、努力が起こってくる——微妙な努力が。
すでに最初の段階から微妙な努力がある。
あなたは気づいていようとしはじめる——
「幸福はどこからやって来るのか？」
あなたはなにかしなければならないが、その行為が自我をつくりだす。
だからパタンジャリは言う、これは始まりにすぎない、
これで終わりではないと覚えておくべきだ、と。
最後には、欲望が消え失せるだけでなく、あなたも消え失せてしまう。
内なる存在だけが変わらず流れている。
この自然な流れは最高の歓喜《エクスタシー》だ。
それに苦しみは起こりえないからだ。
苦しみは期待、要求を通じてやって来る。
そこには期待し、要求する者がいない。
だからなにが起ころうと、それは好ましいことだ。
なにが起ころうと、それは祝福だ。
あなたはなにかほかと比較できない。これしかないのだから。
そして過去や未来との比較がないために、比較をする者がいないために、あなたはあるものを苦しみとして、痛みとして知覚できない。

たとえその状況で痛みが起ころうと、それには痛みがない。
これを理解しようとしてみなさい。それは難しい。
イエスが磔にされている。
キリスト教徒はイエスをとても悲しげに描いた。
彼らはイエスは笑わなかったとまで言っている。
彼らの教会の至るところには悲しげなイエスの像が飾られている。
そのことは人間的だ。私たちにもよくわかる。
磔にされている人は悲しいに違いない。
彼は内側で苦悶しているに違いない。
彼は苦しんでいるに違いない。
だからキリスト教徒たちは、イエスは私たちの罪のために苦しんだ、と言ってやまない——彼は苦しんだと。
だが、これはまったく間違っている！
パタンジャリや私に尋ねるとしたら、これはまったく間違っている。
イエスは苦しむことができない。
イエスが苦しむことはありえない。
彼が苦しむなら、あなたと彼は違わないことになる。
痛みはあるが、彼は苦しむことができない。
謎めいているようだが、それはありえない。
これは明白なことだ。痛みは確かにある——
外側から見るかぎり、イエスは磔にされ、辱めを受けている。
彼の肉体は殺されようとしている。
痛みは確かにあるが、イエスは苦しむことができない。
というのも、磔にされている、この瞬間、
イエスは求めることができないからだ。彼には要求がない。
彼は言えない、「これは間違っています。あってはならないことです。

私は王冠を戴くべきなのに、磔にされています」とは。
彼の心のなかにこれがあったなら、「私は王冠を戴くべきなのに、磔にされている」という思いが、そこには痛みがあるだろう。
だが、彼の心のなかに「私は王冠を戴くべきだ」というまさしく未来指向、未来への期待、到達すべき目標がなかったなら、彼のいまいるところが目的地だ。
彼は比較することができない。
これよりほかにはありえない。
彼にもたらされたのは現在のこの瞬間だ。この磔が王冠だ。
そして彼が苦しむことができないのは、苦しむことは抵抗だからだ。あなたはなにかに抵抗しなければならない。
そうして初めて苦しむことができる。
やってみなさい――あなたが磔にされることはないだろうが、日々の小さな磔がある。それでいい。
脚が痛かったり、頭が痛かったりする。
あなたはそのメカニズムを観察したことがないかもしれない――
頭痛がすると、あなたは闘ったり抵抗したりしつづける。
あなたはそれを嫌がって、それに敵対する。
あなたは分ける――
自分は頭のなかのどこかに立っていて、頭痛がそこにある。
あなたと頭痛は分かれていて、こうあるべきではないと、あなたは主張する。
これが本当の問題だ。
一度でもいいから、闘わないようにしてみなさい。
頭痛といっしょに流れなさい。
頭痛になりなさい。
そしてこう言う、

これが現実だ。
今のところ、私の頭はこんな状態で、今のところ、なにもできない。
そのうち消えるかもしれないが、今のところ、頭痛がある」
抵抗しないこと。
それを起こらせ、それとひとつになりなさい。
自分を引き離さず、そこへ流れ込みなさい。
するとそこで、今まで知らなかった新しいタイプの幸福感がどっとこみあげてくる。
抵抗する者がいなければ、頭痛でさえ痛くはない。
闘いが痛みをつくりだす。
痛みとは痛みといつも闘っているということだ。
それが本当の痛みだ。
イエスは受容する。
彼の生はここに行き着いた──十字架へと、これは運命だ。
これは東洋で昔から宿命、バギヤ、キスメットと呼ばれてきたものだ。
つまり自分の運命に文句を言ってもしかたがない、それと闘ってもしかたがないということだ。あなたにできることはなにもない。
これが現に起こっている。
あなたにできることはひとつだけ──
それとともに流れるか、それと闘うか。
闘ったら、それはいっそう苦痛になる。
いっしょに流れたら、苦痛は少なくなる。
そして完全に流れることができたら、苦痛は消えてなくなる。
あなたはその流れになっている。
頭痛がしたとき、それをやってみなさい。
体調が悪いとき、やってみなさい。

どこか痛いとき、やってみなさい——それとともに流れなさい。
やってみれば、許すことができたら、あなたは生のもっとも深い秘密のひとつに至る——
痛みとともに流れたら、痛みは消える。
完全に流れることができたら、痛みは幸福へと変わる。
だが、これは理論として理解されるべきことではない。
知的に理解することもできるが、それでは不十分だ。
実存的にやりなさい。
毎日の状況がある。
いつであれ、どこか具合が悪いとき、それといっしょに流れなさい。
すると、あなたは全状況を変容させて、その変容を通じて、それを超越する。
ブッダは痛みを感じられない。それはできない。
自我だけが痛みを感じる。
痛みを感じるには自我がなくてはならない。
自我があると、快感も痛みに変えることができる。
自我がないと、痛みを快感に変えることができる。
その秘密は自我にある。

ヴァイラーギア、離欲の終わりの状態とは、プルシャ、至高の自己の深奥の本性を知ることにより、あらゆる欲望が止滅することだ。

それはどのようにして起こるのか？
あなたの自己の深奥の核、プルシャ、内に宿る者を知ることによってだ。それを知るだけで！
パタンジャリも、ブッダも、老子も同じことを言う——

それを知るだけで、すべての欲望が消える、と。
なんとも謎めいているので、理屈っぽい心は尋ねずにはいられない——どうしてそんなことが起きるのか、自分を知るだけで、すべての欲望が消え失せるなんて？　そのようなことが起きるのは、現時点では、自分自身を知らないために、あらゆる欲望が起こってきているからだ。
欲望があるのはたんに自己を知らないからだ。どうして？
あなたが欲望を通じて探しているものはみんな、自己のなかに隠れている。
あなたが自己を知れば、欲望は消えてなくなる。
例えば、あなたは権力を求めている。
だれもが権力を求めている。
権力はどんな人のなかにも狂気をつくりだす。
それはたぶんこういうことだ——人間社会はだれもが権力中毒になるような在り方をしてきた。
生まれたばかりの子供は無力だ。
無力感はあなた方が一生つねに持ちつづける最初の感情だ。
子供が生まれると、彼は無力だから、無力な子供は力を欲しがる。
みんな彼より力があるから、それも当然のことだ。
母親は力があるし、父親は力があるし、兄弟たちは力がある。
みんな力があるが、子供はまったく無力だ。
当然、最初に力を持ちたいという欲望が起こってくる。
どうやって力を伸ばし、どうやって優位に立つかを知ろうとする。
まさにその瞬間から、子供は政治的になっていく。
どうやって優位に立つかという策略を覚えるようになる。
激しく泣きじゃくることで、やがて泣けば優位に立てるということがわかってくる。泣くだけで家中の者を支配できると。

こうして彼は泣くことを覚える。
そして女性は大人になってもそれを続ける。
いったん覚えた秘訣を、彼女たちは使いつづける。
女性はいつまでも無力なので、それを使いつづけるしかない。
それは権力政治だ。
子供は策略を知っている、彼は騒ぎを起こすことができる。
彼が大騒ぎするので、あなたは仕方なく認めて、彼と妥協するしかない。
彼がつねに痛切に感じるのは、ただひとつ必要なのは権力、
さらなる権力だということだ。
彼は勉強し、学校へ行って、成長し、愛するようになるが、そういったすべてのことの背後で、教育や愛や遊びの裏で、さらに権力を手にする方法を見出していく。
彼は勉強を通じて優位に立とうとする。
優位に立ちたいので、クラスで一番になろうとする。
優位に立ちたいので、大金を稼ぐ方法を覚えようとする。
影響力と勢力範囲をもっと広げる方法を覚えようとする。
彼は一生のあいだ権力を追い求めつづける。
多くの生がただただ浪費される。
たとえ権力を手に入れても、あなたはなにをするだろう？
たんに子供じみた願いがかなえられるだけだ。
だからナポレオンやヒトラーのような人になったとき、突如として、すべての努力はむだだった、無益だったとあなたは気がつく。
子供っぽい願いがかなえられただけ、それだけだ。
さあ、どうしたらいい？
この権力をどう使えばいい？
願いがかなえられると、あなたは失望する。

願いがかなえられないと、あなたは失望する。
そして願いが最後までかなえられることはない。
なぜなら、「これで十分だ」と思えるほどの権力を手にできる人はいないからだ。ひとりもいない！
世界はあまりに複雑なので、ヒトラーでさえときに無力さを感じるし、ナポレオンでさえときに無力さを感じる。
絶対的な権力を味わえる人はいない。
なにものもあなたを満足させられない。
だが、みずからの自己を知るようになると、
人は絶対的な力の源泉を知ることになる。
そのとき権力への欲望は消えてなくなる。
なぜなら、あなたはすでに王だったからだ、
自分を乞食と考えていたにすぎなかった。
もっと大物の乞食、もっとりっぱな乞食になろうと奮闘していたが、
あなたはすでに王だった！
突如として、あなたは気がつく、
自分に欠けているものはないと。あなたは無力ではない。
あなたはすべてのエネルギーの源泉、生命の源泉そのものだ。
あの子供時代の無力感は他人がつくったものだった。
彼らがあなたのなかにつくったのは悪循環だ。
それを彼らのなかにつくったのは彼らの両親だ。
これが延々と続いてきた。
あなたの両親は、あなたのなかに「自分は無力だ」という感じをつくりだしている。
なんのため？
というのも、そうすることによって初めて、
彼らは自分たちには権力があると感じられるからだ。

あなたは自分は子供たちをとても愛していると考えるかもしれないが、たぶんそれは事実ではないだろう。
あなたは権力を愛しているだけで、そして子供ができると、
母親と父親になると、あなたは権力を手に入れる。
だれもあなたの言うことなんて聞かないかもしれない。
あなたは世間では無に等しいかもしれないが、
少なくとも家庭に一歩入れば権力を手にする。
少なくとも幼い子供たちを痛めつけることができる。
世の中の父親や母親を見てみなさい。
彼らは現に子供たちを痛めつけている！
彼らは愛情深いやり方で痛めつけるので、「それはいじめているんですよ」と言うことさえできない。
彼らは子供たちを「よかれと思って」痛めつけている。
子供の幸せのために！　彼らは「子供の成長を助けて」いる。
彼らは権力を感じる。
心理学者によると、多くの人は権力を感じたいために教職につく。
30人の子供たちに好き勝手なことをやれたら、あなたは王様になれる。
伝えられるところでは、オーランガゼーブという王は息子によって幽閉された。
幽閉されたとき、彼は手紙を書いて、こう言った、
「ひとつだけ願いがある。これをかなえられれば、とてもうれしいし、私も大いに満足するだろう。30人の子供たちを送ってくれないか、獄中で教えられるように」
息子はこう言ったと伝えられる、
「私の父はつねに王座にあったので、王国を手放すことができないのだ。だから牢獄のなかでも、30人の子供を集めて、彼らに教え

ようとしている」
見てみなさい！　学校へ行ってみなさい！
教師が椅子に座っている。
彼には絶対的な権力があって、そこで起こるすべてのことのまさに主人だ。
人びとは愛情ゆえに子供を欲しがるのではない。
というのも、彼らが本当に愛したなら、
世界はまったく違ったものになるからだ。
あなたが子供を愛したら、世界はまったく違ったものになる。
あなたは彼に無力さを感じさせはしない。
子供が自分には力があると感じられるよう、あなたは彼に多くの愛情を注ぐ。
あなたが愛情を注げば、彼は権力を求めたりはしない。
彼は政治指導者にはならない。彼は選挙に立候補しない。
彼は金をため込もうとはしないし、狂ったように金を追い求めない。
それは無益だと知っているからだ。
彼にはすでに力がある。愛情で十分だ。
だが、だれも愛情を与えないと、子供は代用品をつくりだす。
あなたのすべての欲望、その求めるものが権力であろうと、金や名声であろうと、そのすべてが示唆しているのは、あなたの子供時代になにかが教え込まれたということ、あなたのバイオコンピュータになにかが条件付けられて、あなたはその条件付けに従っているということだ。
内側を見ることもなく、自分の求めているものがすでにそこにあることを確かめようともせずに。
パタンジャリは、あなたのバイオコンピュータが邪魔をしないように、それを黙らせることに全努力を注ぐ。

それが瞑想のなんであるかだ。
それはあなたのバイオコンピュータをしばらくのあいだ黙らせて、おしゃべりをさせないようにし、あなたが内側を見られるように、最深の本性に耳を傾けられるようにする。
ひとつの一瞥があなたを変える。
というのも、そのとき、このバイオコンピュータはあなたを騙せないからだ。
このバイオコンピュータは「これをやれ、あれをやれ」と言いつづけている。
あなたをひっきりなしに操っている——
「もっと権力を手に入れろ、さもないとおまえは無名だぞ」と。
あなたが内側を見れば、だれかになる必要などない。
「ひとかどの者」にならなくてもいい。
あなたは今のままですでに受け容れられている。
全実在があなたを受け容れ、あなたに満足している。
あなたはひとつの開花だ——
他のなにとも違う個の開花、
ユニークで、実在はあなたを歓迎している。
そうでなかったら、あなたがここにいることはなかった。
あなたがここにいるのは、あなたが受け容れられているからだ。
あなたがここにいるのは、神はあなたを愛しているから、宇宙はあなたを愛しているから、実在はあなたを必要としているからだ。
あなたは必要とされている。
あなたがみずからの深奥の本性、パタンジャリがプルシャと呼ぶものを知ったなら……
プルシャとは「内に宿る者」という意味だ。
体は家にすぎない。

内に宿る者、内在する意識がプルシャだ。
この内在する意識を知れば、ほかにはなにもいらない。
あなたは満ち足りている、十分に満ち足りている。
あなたは今のままで完璧だ。
あなたは無条件に受け容れられ、歓迎されている。
実在は祝福となる。欲望は消えてなくなる。
それは自己の無知の一部だった。
自己の認識とともに、それらは消える、なくなってしまう。

アビアーサ、持続的な内側の実践――
それはもっともっと注意深くなろうとする、さらにさらに自分自身の主人になろうとする、もっともっと習慣や機械的なロボットのようなメカニズムの支配から抜け出そうとする意識的な努力だ。
そしてヴァイラーギア、離欲がある。
この二つが達成されたとき、人はヨーギになる。
この二つが達成されたとき、人は目標を達成する。
もう一度言おう――しかし、闘いをつくりださないこと。
この起こっていることすべてをいっそう自発的なものにならせなさい。
否定的なものと闘わないこと。
それよりも、肯定的なものをつくりなさい。
セックス、食べ物、どんなものとも闘わないこと。
それよりも、自分に幸福をもたらすものはなにか、それはどこからやって来るのかを見つけ出し、その方向に進んでいきなさい。
欲望は消えていく、だんだんと、徐々に。
そして次に、もっともっと意識的になりなさい。
なにが起こっていても、もっともっと意識的になりなさい。

その瞬間にとどまって、その瞬間を受け容れなさい。
ほかのものを求めてはいけない。
そのとき、あなたは苦しみをつくりだしていない。
痛みがあれば、そのままにしておくこと。
そのなかにとどまり、そこへ流れ込みなさい。
唯一の条件は、注意深くあることだ。よく理解し、目をみはり、そのなかへ入っていきなさい。
そこへ流れ込みなさい。抵抗してはいけない。
痛みが消えると、快楽を求める欲望もまた消える。
苦悩していないとき、あなたは耽溺を求めてはいない。
そこに苦悩がないとき、耽溺は無意味なものとなる。
あなたはもっともっと内なる奈落へと落ちていく。
それはとても至福に満ち、あまりにも深い歓喜なので、それを一瞥しただけで、全世界が無意味なものになる。
そのとき、この世界があなたに与えられるすべてが無価値なものになる。
そしてこれは闘う姿勢になるべきではない。
あなたは戦士になるべきではない。あなたは瞑想者になるべきだ。
あなたが瞑想をしていたら、ものごとがひとりでに起こり、それがあなたを変容し、つくりかえていく。
闘いはじめ、抑圧するようになると、抑圧はあなたをさらなる苦しみへと引き込んでいく。
それにあなたはだれも騙すことはできない。
世の中には他人を騙すだけでなく、
自分を騙しつづけている人がたくさんいる。
彼らは自分は不幸ではないと考えている。
自分は不幸ではないと言いつづけているが、彼らの全存在が不幸だ。
自分は不幸ではないと言っているとき、彼らの顔、目、ハート、なにからなにまで不幸だ。
ここでひとつ小話をして終わることにしよう。

　聞いた話だが、あるとき、煉獄に12人の女性がやって来た。担当の天使が彼女たちに尋ねた、「皆さんのなかで生前に浮気をした人はいますか？　夫の目を盗んで浮気した人がいたら、手を挙げてください」
　顔を赤らめ、ためらいがちに、次々と11人の女性が手を挙げた。
　担当の天使は電話をとると、その向こうに話しかけた――
「もしもし！　地獄ですか？　12人の浮気をした妻たちを収容する場所はありますか？　そのうちのひとりは耳がまったく聞こえないんです！」

あなたが言おうと言うまいと関係ない。
あなたの顔、あなたの存在そのものがすべてを物語っている。
あなたは自分は不幸ではないと言うかもしれないが、その言い方、その態度が、あなたは不幸であることを示している。
あなたはだれも騙せないし、そんなことをしても意味がない。
なぜなら、他人を騙せる人などいないからだ。
あなたは自分自身を騙すことしかできない。
覚えておくといい、あなたが不幸だとしたら、
そのすべてをつくったのはあなただ。
自分の苦しみは自分がつくったということ、
そのことをハートの奥深くにしみ込ませなさい。
なぜなら、これが解決の糸口、鍵となるからだ。

自分の苦しみをつくったのが自分なら、
そのとき初めて、あなたはそれを取り除くこともできる。
他人がそれをつくったのなら、あなたにできることはない。
自分が自分の苦しみをつくったのだから、あなたはそれを取り除くことができる。
あなたは間違った習慣、間違った態度、耽溺、欲望によって、それらをつくった。
このパターンを落として、新たな目で見てみなさい。
まさにこの生が、人間の意識に起こりうる究極の喜びだ。

Chapter 4

八つの段階

The Eight Steps

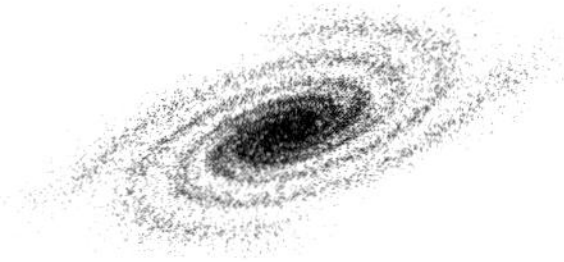

ヨーガの各段階を実践して不純さを除去すると、
霊的な明知が生じて現実の認識へと成長する。
ヨーガの八つの段階とは、
自制、戒律、坐法、調気、捨象、集中、黙想、没我である。

あなたが求める光は自分のなかにある。
だからその探求は内向きの探求になる。
それは外側の空間のある目的地への旅ではない。
それは内なる空間への旅だ。
あなたは自分の核に到達しなければならない。
あなたが探しているものはすでに自分のなかにある。
あなたはただタマネギをむかなければならない。
幾重も幾重もの無知の層がある。
ダイヤモンドは泥のなかに埋もれている。
ダイヤモンドはつくられるのではない。
ダイヤモンドはすでにそこにある。
ただ泥の層を取り除かねばならない。
これが理解されるべきまさに基本だ——宝物はすでにある。
たぶんあなたは鍵を持っていないのかもしれない。
宝ではなく、鍵を見つけなければならない。
これが基本であり、きわめて根本的《ラディカル》だ。
というのも、すべての全努力がこの理解にかかっているからだ。
宝物がつくられねばならないのなら、それはとても長いプロセスになり、それができるかどうかだれも確信が持てない。
ただ鍵を見つければいいだけだ。
宝物はそこにある、すぐそばに。
いくつかの障害物の層が取り除かれねばならない。
真理の探求が否定的なのはそのためだ。
それは肯定的な探求ではない。
あなたは自分の存在になにかを付け加えねばならないのではない。
その反対に、なにかを除去しなければならない。
あなたは自分のなにかを切り捨てなければならない。

真理の探求は外科手術に似ている。
それは内科というより外科だ。
あなたにはなにも付け加えられない。
その反対に、なにかが取り除かれ、否定されなければならない。
ウパニシャッドの方法論が「ネティ・ネティ、あれでもない、これでもない」であるのはそのためだ。
「ネティ・ネティ」の意味とは、否定者にたどり着くまで否定しつづけるということだ。
否定できるものがなくなるまで否定しつづけなさい。
あなただけが残っている。核であり、意識であるあなたが。
それは否定できない。
なぜなら、だれがそれを否定するのか？
だから否定しつづけなさい。
「私はこれでもない、あれでもない」
続けていきなさい。
「ネティ・ネティ」
やがてあなたしか、否定者しか残らない地点がやって来る。
もはや切り捨てるものはなにもない。手術は終わった。
あなたは宝物にたどり着いた。
このことが正しく理解されたなら、荷物はあまり重くはならない。
探求はとても軽やかだ。あなたはやすやすと進んでいく。
宝物はたぶん忘れられているだけで、失われたのではないことを、途上ずっと、よく承知しながら。
その正確な場所はわからないが、それは自分のなかにある。
あなたは確信することができる。
なにひとつ不確かなことはないのだから。
じつのところ、たとえ失いたくても、あなたはそれを失うことができない。
なぜなら、それはあなたの存在そのものだからだ。
それはあなたの外側にあるのではない。
それは内在している。
人びとは私のところへやって来てこう言う、
「私は神を探しています」
私は彼らに尋ねる、
「どこで神をなくしたのかね？　どうしてあなたは探しているんだ？　神をどこかでなくしたんだろう？　どこかでなくしたんなら、どこでなくしたか教えてくれないか。
というのも、神はそこで見つかるに違いないからだ」
彼らは言う、
「いいえ、私は神をなくしたのではありません……」
では、あなたはなぜ探しているのか？
それならたんに目を閉じなさい。
たぶんその探求のせいで、あなたは神を見つけられないのかもしれない。
たぶんあなたは、探すことにこだわりすぎているのかもしれない。
あなたは自分の内なる存在に目を向けたことがない。
王のなかの王がすでにそこに座って、あなたの帰りを待っているというのに。
あなたは偉大な探求者なので、メッカやメディナ、カシやカイラス山に行こうとしている。あなたは偉大な探求者だ。
あなたは世界中へ行こうとしている、ただ一箇所を除いては——
それはあなたがいる場所だ！
探す者が探される者だ。
人が静かに穏やかになったとき、なにか新しいものが達成されるのではない。
人はただ理解するようになる——
外を見ていたことが見逃していたすべての理由だった。
内側を見れば、それはそこにある。
それはいつもそこにあった。
それがなかったことは一瞬もなかったし、それがないことは一瞬もないだろう。
なぜなら、神はあなたの外側にはないからだ。
真理はあなたの外側にはないからだ。
それは栄光に輝くあなただ。
それは燦然と輝くあなただ。
それは純粋この上ないあなただ。
このことをあなたが理解したら、これらのパタンジャリの経文はとてもわかりやすいものになる。

ヨーガの各段階を実践して不純さを除去すると、
霊的な明知が生じて現実の認識へと成長する。

パタンジャリは、なにかをつくらねばならないと言っているのではない。
彼はなにかを取り除かねばならないと言っている。
あなたはすでに自分の存在を上回っている——このことが問題だ。
あなたは自分の周囲に多くのものを集めすぎている。
ダイヤモンドにはうずたかく泥が積もっている。
その泥を洗い流したら、突然、そこにダイヤモンドが現れる。
「ヨーガの各段階を実践して不純さを除去すると……」
それは純粋さや神聖さや神々しさをつくりだすことではない。

それはただ「不純さを除去する」ことだ。
あなたは純粋だ。
あなたは神聖だ。
道全体ががらっと一変する。
そのとき、いくつかのものが切って捨てられねばならない。
いくつかのものが取り除かれねばならない。
深いところで、これがサニヤス、放棄の意味だ。
それは家を捨てることではない、家庭を捨てることではない、
子供たちを捨てることではない。
それはあまりにも非情に見える。
慈愛の人にどうしてそんなことができるのか？
それは妻を捨てることではない。
なぜなら、妻はまったく問題にはならないからだ。
妻が神を妨げているのではない、子供たちが障害になっているのではない、そして家庭でもない。
いいや、それらのものを捨てても、あなたは理解しないだろう。
もっとほかのものを、あなたが自分の内側にため込んできたものを捨てなさい。
家を捨てたいなら、本当の家を捨てなさい。
つまり、あなたが生きている、宿っている肉体だ。
捨てろとは言っても、自殺しなさいと言っているのではない。
なぜなら、それは放棄ではないからだ。
自分は体ではないと知るだけで十分だ。
また体に辛く当たる必要はない。
あなたは体ではないかもしれないが、体もまた神聖なものだ。
あなたは体ではないかもしれないが、体はそれ自身が生きている。
それも生を分かち合っている。

それはこの全体の一部だ。
それに辛く当たってはいけない。
それに暴力的になってはいけない。
マゾヒストになってはいけない。
宗教的な人たちはたいていマゾヒストになる。
あるいは彼らは最初から自虐的だったが、それを宗教が正当化し、
彼らは自分自身を痛めつけるようになる。
自分を苦しめる人にならないこと。
残酷な人や暴力的な人には2種類ある。
ひとつのタイプはサディストで、彼らは他人を痛めつける。
政治家、アドルフ・ヒトラーのような人たちだ。
それから苦行者、マゾヒストがいて、彼らは自分自身を痛めつける。
いわゆる宗教的な人たち、聖者、大聖《マハートマ》たちだ。
彼らも同じだ。
暴力は同じだ。
他人の体を痛めつけようと自分の体を痛めつけようと違いはない。
痛めつけるという点では同じだ。
放棄は自分を痛めつける苦行ではない。
もしそれが苦行なら、政治が逆立ちをしているにすぎない。
あなたは臆病者なので他人を痛めつけることができず、
自分の体しか痛めつけられないのだろう。
いわゆる宗教的な人たちの百人中九九人は自分を痛めつける苦行者、臆病者だ。
彼らは他人を痛めつけたかったが、恐れと危険から、そうすることができなかった。
そこで彼らはなんの罪もない、無防備な、無力な犠牲者を見つけ出した——

自分の肉体だ。
彼らはそれをありとあらゆる方法で痛めつける。
いや、放棄とは知性だ。
放棄とは気づきだ。放棄とは理解だ。
自分は体ではないという事実の認識だ。
それについてはもう終わっている。
あなたは自分は肉体ではないことをよく心得ながら、
体のなかに生きている。
それに同化しなければ、体は美しいものだ。
それは実在の最大の神秘のひとつだ。
それは王のなかの王が隠れている、そのまさに寺院だ。
放棄のなんたるかを理解したら、
あなたはこれが「ネティ・ネティ」だということを理解する。
あなたは言う、
「私はこの体ではない。なぜなら、私は体に気づいているからだ。
このまさに気づきが、私を引き離し、別のものにする」
もっと深く入りなさい。
タマネギをむきつづけなさい。
「私は思考ではない。なぜなら、思考は来ては去るが、私はとどまるからだ。私は感情ではない……」
それがやって来る。
ときにはとても強力で、あなたはそのなかですっかり我を忘れてしまう。
しかし、やがてそれも去る。
あるときは感情がなく、あなたがいる。
あるときは感情があり、あなたはそのなかに隠れている。
そしてまた感情が去り、あなたはそこに坐っている。

あなたは感情にはなれない。
あなたはそれから離れている。
タマネギをむきつづけなさい。
あなたは肉体ではない。
あなたは思考ではないし、感情ではない。
自分はこれら三つの層ではないと知ったら、
あなたの自我は跡形もなく消えてしまう。
というのも、あなたの自我はこれら三つの層への同化にほかならないからだ。
そのとき、あなたはいるが、「私」と言うことはできない。
その言葉は意味を失う。
そこには自我がない。
あなたはわが家へと帰り着いた。
これがサニヤスの意味だ――
自分ではないのに同化しているものすべてを否定すること。
これが外科手術だ。
これが「滅する」ことだ。

ヨーガの各段階を実践して不純さを除去すると……

そして不純さとはこれだ――
自分ではないものを自分だと考えることが不純さだ。
私を誤解してはいけない。
というのも、あなたが体を不純なものと考えてしまう可能性がつねにあるからだ。
私はそんなことは言っていない。
例えば、一方の容器に純粋な水が、もう一方には純粋なミルクが入っているとする。
それらを混ぜても、混ざったものは２倍純粋にはならない。
水は純粋だった、ガンジス河の純粋な水だった、そしてミルクも純粋だった。
ところが二つの純粋さを混ぜると、ひとつの不純さができる
——純粋さは２倍にならない。
なにが起こったのか？
どうしてこの水とミルクの混合物は不純になるのか？
不純さとは異質の要素、自分に属さないもの、自分にとって不自然なものが入り込むことだ。
それは領地に押し入った侵入者だ。
ミルクが不純になるだけでなく、水もまた不純になる。
二つの純粋さが出会うと不純になる。
だから不純さを放棄しなさいとは言うが、私はあなたの体は不純だと言っているのではない。
あなたの心は不純だと言っているのではない。
あなたの感情は不純だとさえ言っていない。
不純なものはない。ただ、あなたが同化すると、その同化が不純さだ。
あらゆるものが純粋だ。
あなたの体はそれが自分で機能し、あなたが邪魔をしなければ完璧だ。
あなたの意識はそれが自分で機能し、体が邪魔をしなければ純粋だ。
干渉のない存在を生きていたら、あなたは純粋だ。
あらゆるものが純粋だ。
私は肉体を非難してはいない。
私はなにものも非難してはいない。

それをいつも忘れないようにすること。
私は口やかましい非難者ではない。
あらゆるものがそのままで美しい。
しかし、同化が不純さをつくりだす。
自分は体だと考えはじめたとき、あなたは体に介入している。
あなたが体に介入すると、体もすぐに反応して、あなたに介入する。
するとそこに不純さがある。
パタンジャリは言う——

ヨーガの各段階を実践して不純さを除去すると……

アイデンティティを、自己同化を除去し、あなたが陥っている混乱を除去する……
それはカオスだ、あらゆるものがほかのものに入り込んでいる……
すべてが混沌として、本来の機能を果たしている中枢はひとつもない。
あなたは群衆になっている。
あらゆるものが他のあらゆるものの本性に干渉している。
これが不純さだ。

不純さを除去すると、霊的な明知が生じて……

不純さが除去されると、突然、そこに啓示が訪れる。
それは外側からやって来るのではない。
それは純粋で、無垢で、純潔な、あなたの深奥の存在だ。
ある輝きがあなたのなかに生まれてくる。

すべてが澄みきっている。
混乱の雲が去って、知覚の明晰さが起こってくる。
今ではすべてをありのままに見ることができる。
そこには投影がない。
そこには空想がない。
どのような現実の曲解もない。
あなたはものをありのままに見ている。
あなたの目は空っぽだ。あなたの存在は静かだ。
今や自分のなかになにもないため、あなたは投影できない。
あなたは受動的な目撃者、観照者、サクシンになる。
それが存在の純粋さだ。

……霊的な明知が生じて現実の認識へと成長する。

次は、ヨーガの八つの段階だ。
ゆっくりと私について来なさい。
というのも、ここにパタンジャリの主要な教えがあるからだ——

ヨーガの八つの段階とは、自制、戒律、坐法、調気、捨象、集中、黙想、没我である。

ヨーガの八つの段階——これはひとつの文章、一粒の種子に凝縮されたヨーガの科学のすべてだ。
多くの意味が含まれている。
最初、各段階の正確な意味を説明しよう。
ここで注意すべきなのは、パタンジャリはそれらを「段階」とも「手足」とも呼んでいるということだ。

それは両方だ。
あるものに次のものが続くという意味では、それは段階だ。
そこには連続した成長がある。
だが、それは段階であるだけでなく、ヨーガという身体の手足でもある。
そこには内的な統一、有機的な統一がある。
これが、それが手足と呼ばれる理由だ。
例えば、私の両手、両足、心臓は別々に機能してはいない。
それらはばらばらのものではない。
それらは有機的統一体だ。
心臓が止まったら、手も動かなくなる。
すべてがつながっている。
それらは梯子の段のようなものではない。
なぜなら、梯子の各段は別個のものだからだ。
ひとつの段が壊れても、梯子全体が壊れたわけではない。
だからパタンジャリが、それは段階だと言うのは、ある連続した成長がそこにあるからだ。
しかし、それらはまたアンガス、ひとつの身体の手足であり、
有機的なものだ。
そのどれかを落とすことはできない。
段階は落とすことができる。
手足は落とすことができない。
いっぺんに２段を跳んで、ひとつの段階を飛ばすことはできるが、
手足を落とすことはできない。
それは機械の部品ではない。それを取り除くことはできない。
それはあなたを形成している。
それは全体に属している。それは別々のものではない。

全体がそれらを通じて調和したユニットとして機能している。
だから、このヨーガの八つの手足は、その両方だ。
あるものにあるものが続くという意味では段階だ。
そしてそれらは深くかかわりあっている。
二番が一番の前に来ることはない。
一番は一番でなければならない。
二番は二番でなければならない。
八番は八番目に来るしかない。
それは四番にはなれないし、一番にはなれない。
だから、それらは段階であるとともに、有機的な統一体、手足でもある。

ヤーマとは自制（self-restraint）のことだ。
この英語の言葉は少し意味が違っている。
いや、少し違うどころではない。
ヤーマの意味は完全に失われてしまっている。
というのも、英語の「自制」には抑制、抑圧のニュアンスがあるからだ。そしてフロイト以後、この「抑圧」と「抑制」の二語は禁句に、醜いものになってしまった。
自制は抑圧ではない。
パタンジャリが「ヤーマ」という言葉を使ったとき、そこにはまったく別の意味があった。
言葉はどんどん変わっていく。
今日では、ここインドでも、ヤーマに由来する「サンヤマ」が統制、抑圧を意味する。
本来の意味は失われてしまった。
あなたはこの逸話を聞いたことがあるだろうか？

伝えられるところでは、イングランド国王ジョージ１世が、新しく建設されたセントジョン大聖堂を視察に行った。
それは最高の芸術作品だった。
その建築家であり設計家、芸術家がそこにいた。
その名前をクリストファー・レンといった。
国王は彼に会うと賛辞を述べた。
王は三つのことを言った——
「これはおもしろい。これはすさまじい。これはわざとらしい」
クリストファー・レンは、この賛辞を聞いて大いに喜んだ……
しかし、あなたはきっとびっくりしただろう。
これらの言葉にもはや同じ意味はない。
その当時、300年以上前には、「おもしろい（amusing）」はすばらしい、「すさまじい（awful）」は神々しい、「わざとらしい（artificial）」は芸術的を意味した。
どんな言葉にも履歴があって、言葉は時代とともに変化していく。
生が変化するように、あらゆるものが変化していく。
言葉は新たな色合いを帯びる。
そして、じつのところ、変わる能力のある言葉だけが生きつづける。
それ以外は死んでしまう。
伝統的な言葉はなかなか変わることができないので死んでしまう。
生きている言葉は、そのまわりに新たな意味をまとう能力があって、このようなものだけが生きる。
それらは何世紀にも渡って多くの意味を生きていく。
「ヤーマ」はパタンジャリの時代には美しい言葉だった、もっとも美しい言葉のひとつだった。
フロイト以後、その言葉は醜いものになってしまった。
その意味にとどまらず、言葉の雰囲気、言葉の味わいもすっかり変わってしまった。
パタンジャリにとって、自制は自分を抑圧することではない。
それは人生を方向づけることだ。エネルギーを抑圧するのではなく、それらを導いて、それらに方向を与えることだ。
あなたは反対の方向や、多くの方向に進みつづける生き方もできるが、それではどこにも行き着かない。
それは自動車に譬えることができる。
運転手は北に数マイル進み、そこで気を変える。
南に数マイル進み、そこで気を変える。
次に西に数マイル進み、そこで気を変える――
彼はそんなことをしつづける。
彼は生まれた場所で死んでしまう!
彼はどこにもたどり着かない。
彼が成就を味わうことはない。
あなたは次々と多くの道を歩むこともできるが、ひとつの方向を持たなかったら、むだに動いているだけだ。
いっそう欲求不満がつのっていく。
自制とは、まず自分の生命エネルギーに方向性を与えることだ。
生命エネルギーは有限なものだ。
それをとりとめのない、無目的なやり方で使いつづけたら、
あなたはどこへもたどり着けない。
あなたのエネルギーは遅かれ早かれ空っぽになってしまう。
そしてこの「空っぽ」は、ブッダの「空」ではない。
それはただ否定的な空だ。中身のない空っぽの容器だ。
あなたは死ぬ前から死んでいるようなものだ。
だが、自然、実在、あるいは神、なんと呼んでもいいが、それがあなたに与えた限りあるエネルギー、この有限のエネルギーを無

限なるものへの扉とするように使うこともできる。
あなたが正しく進んだなら、あなたが意識的に進んだなら、あなたが注意深く進んだなら、自分の全エネルギーを集めて一方向に進んだなら、あなたが群衆ではなくひとりの個になったなら……
それがヤーマの意味することだ。
たいてい、あなたは群衆であり、内側にはたくさんの声がある。
ひとりが言う、「この方向へ行け」
もうひとりが言う、「そっちじゃだめだ。こっちへ行け」
ひとりが言う、「お寺へ行け」
するともうひとりが言う、「映画館のほうがいいぞ」
あなたはどこへ行っても落ち着かない。
というのも、どこにいても、あなたは後悔することになるからだ。
映画館へ行くと、寺院に行けと言っていた声が、次々と問題をつくりだす。
「なんでこんなところで時間をつぶしてる？　お寺へ行けばよかったんだ。お祈りはすばらしいよ。向こうではなにがあるかわからないぞ。わかるもんか。悟りを開く絶好の機会だったかもしれない。なのにみすみす見逃したんだ」
寺院へ行っても同じことだ。
映画館へ行けと言っていた声が言いつづける、
「こんなところでなにをしてる？　間抜けづらしてこんなところに坐って。前にも祈ったけど、なんにも起こらなかったぞ。なんで時間をむだにするんだ？」
そしてまわりを見ると、その間抜けたちが坐って、無意味なことをやっている、そしてなにも起こってはいない。
映画館にいたら、どんな興奮、どんな歓喜を味わえただろうか？
それを見逃してしまったのだ。

ひとりの個でなければ、一個の存在でなければ、どこにいようと、あなたはつねに見逃している。
あなたはどこにいても落ち着くことができない。
あなたはここやあそこへ行こうとばかりしているが、どこにも到着しない。
あなたは狂ってしまう！　ヤーマに対立する人生は狂ってしまう。
西洋には東洋より多くの狂った人たちがいるのも驚くには当たらない。東洋の人たちは、知ってか知らずか、いまだいくらか自制的な生活を送っている。
西洋では、自制について考えることは奴隷になることのように思える。
自制に反対することが自由であること、自立的であることのように思える。
だが、ひとりの個でなかったら、あなたは自由にはなれない。
あなたの自由は欺瞞でしかない。
それは自殺にほかならない。
あなたは自分自身を殺し、自分の可能性、自分のエネルギーを破壊している。
そしていつの日かあなたは、自分は一生のあいだに多くのことをやってきたが、得るところはなにもなかった、そこから成長は生まれなかったと感じるだろう。
自制とは、その本来の意味においては、人生に方向を与えるということだ。自制とはもう少し中心に定まることだ。
どうしたらもう少し中心に定まることができるだろう？
自分の人生に方向を与えさえしたら、たちまちひとつの中心があなたのなかに生まれてくる。
方向が中心をつくり、その中心がまた方向を与える。

それらはお互いに補い合っている。
あなたに自制がなかったら、第二のものは可能とならない。
パタンジャリがそれを「段階」と呼ぶのはそのためだ。

第二の段階はニヤーマ、戒律だ——
規律ある生活、規則正しい生活、
一時的な熱狂に駆られない、正しい規律に従った生活。
規則正しさ……
が、これもあなたには隷属のように聞こえる。
今ではパタンジャリの時代の美しい言葉はすべて醜いものになってしまった。
だが、私はあなたに言いたい——
生活に規則正しさ、規律がなかったら、
あなたは自分の本能の奴隷になってしまう。
それが自由だと考えるかもしれないが、
あなたは多くの気まぐれな思考の奴隷になっている——
それは自由ではない。
あなたに実際の主人がいなくても、自分のなかにたくさんの見えない主人がいて、彼らがあなたを支配しつづけている。
規律を身につけた人だけが、いつの日か主人になることができる。
だが、それもずっと先のことだ。
なぜなら、本当の主人は第八の段階に達して初めて現れるからだ——それが目的地だ。
そのとき人はジナ、勝利者になる。
そのとき人はブッダ、目覚めた人になる。
そのとき人はキリスト、救世主になる。
というのも、自分が救われたとき、

その瞬間に、あなたは他人の救済者になるからだ。
あなたは彼らを救おうとしてはいない。
あなたの存在そのものが救いをもたらす。
二番目はニヤーマ、戒律だ。

第三の段階は坐法だ。
すべての段階はその前から、前の段階から生まれてくる。
規則正しく生活して初めて、あなたは坐法、アーサナに達する。
ときにアーサナをやってみなさい。
静かに坐ってみなさい。
あなたは坐れない——体があなたに逆らおうとする。
急にあちこちに痛みを感じ、脚が痺れてくる。
急に体の多くの箇所に違和感を感じる。
今までになかったような感じだ——
どうして静かに坐っただけで多くの問題が起こってくるのだろう？　体に蟻がはっているような感じがする。
そこを見ても蟻などはいない。体があなたを欺いている。
体には訓練を受ける用意ができてない。
体は甘やかされている。体はあなたの言うことを聞こうとしない。
それがみずからの主人になり、あなたはいつもそれに従ってきた。
今では、何分か静かに坐ることさえほとんどできない。
人びとに静かに坐ってみるように勧めると、彼らは地獄の苦しみを味わう。
私がだれかにそう言うと、彼は言う、
「ただ静かに坐って、なにもしないのですか？」——まるで「すること」が強迫観念であるかのように。
彼は言う、

「少なくともマントラをください、内側で唱えられるように」
彼にはなにかすることが必要だ。
ただ静かに坐ることは難しいように感じる。
それは人に起こりうるもっともすばらしい可能性だ——
静かに坐ってなにもしないということ。
アーサナとはくつろいだ姿勢のことだ。
あなたはその姿勢ですっかりくつろいで、すっかり安らいでいるので、体を動かす必要はまったくない。
その瞬間、突然、あなたは体を超える。
体はこう言って、あなたを引きずり下ろそうとする、
「おい、見ろよ、たくさん蟻が体をはってるぞ」
あるいは急にどこかが痒くなって、掻きたくなる。
体は言っている、
「そんなに遠くへ行くな。戻ってこい。どこへ行くつもりだ？」
というのも、意識が上昇し、肉体の存在から離れていくからだ。
体が抵抗しはじめる、
「今までこんなことしなかったのに！」
体が問題を起こすのは、なにか問題が生じたとき、あなたが戻らねばならないからだ。
体はあなたの注意を引こうとしている。
「注目してくれよ」と。
それは痛みをつくりだし、痒みをつくりだす。
あなたは掻きたくなる。
急に体がいつもと違った感じになる、体が反乱を起こす。
それは「政治的身体」だ。
あなたは呼び戻されようとしている。
「そんなに遠くへ行くな。なにかしていろ。ここにいて、体と大地

につなぎ止められていろ」
あなたが空へ昇っていくと、体は恐れを感じる。
アーサナは自制的な、戒律を守る、規則正しい生活を送る人にのみ訪れる。
そんな人には坐法が可能だ。そんな人なら坐るのは簡単だ。
なぜなら、あなたは規律ある人だと体は知っているからだ。
あなたは坐りたければ坐る。
体は逆らえない。
体がなにか言いつづけても……やがてそれは止まる。
耳を貸す者がいないからだ。
それは抑圧ではない。
あなたは体を抑圧していない。
反対に、体があなたを抑圧しようとする。
それは抑圧ではない。
あなたは体になにかするように命じてはいない。
あなたはたんに安らいでいる。
だが、体は休息を知らない。
なぜなら、あなたは体に休息を与えたことがないからだ。
あなたはいつも落ち着きがない。
「アーサナ」という言葉には深い休息という意味がある。
それができたなら、あなたには多くのことが可能になる。
体が安らぐことができれば、あなたは呼吸を制御することができる。
あなたはさらに深く入っていく。
というのも、呼吸は体から魂へ、体から心への架け橋だからだ。
呼吸の制御、つまりプラーナヤーマができたら、あなたは自分の心を支配できる。
心が変化すると呼吸のリズムがすぐに変わることに気づいたこと

はないだろうか？　その反対のことをすると、つまり呼吸のリズムを変えると、心はすぐに変わらなければならない。
腹を立てていると、あなたは静かに呼吸できない。
そうでないと怒りが消えてしまう。
それを試してみなさい。
怒りを感じているとき、あなたの呼吸は乱れ、不規則になり、完全にリズムを失って、ざわつき、不穏になっている。
それはもはや調和していない。不調和が生じている。
調和が失われている。
あることをやってみなさい。
腹が立ったら、たんにくつろいで、呼吸を規則正しくしてみる。
急に怒りが消えたと感じる。
怒りは体が特定の呼吸をしていないと存在しえない。
セックスをしているとき、呼吸は変化し、とても荒々しくなる。
性欲に深くとらわれていると、呼吸は変化する。
セックスにはいくらか暴力が含まれている。
知られているように、恋人たちは互いを噛み合い、ときには傷つけ合うこともある。
二人の人のセックスの場面を見たら、なにか喧嘩が行われているようにも見える。
そこにはいくらか暴力があって、二人とも乱れた呼吸をしている。
彼らの呼吸にはリズムがなく、それはユニゾンではない。
タントラでは、セックスやセックスの変容に関して、多くのことが行われてきた。
特に呼吸のリズムに多くの働きかけがなされてきた。
タントラは呼吸のリズムを変える多くのテクニックを開発した。
二人の恋人が愛を交わすとき、リズミカルな呼吸、ユニゾンでいることができ、両方が同じリズムになると、そこで射精は起こらない。
彼らは何時間でもセックスをすることができる。
というのも、射精は呼吸のリズムが乱れたときにしか起こらないからだ。
そこで初めて体はエネルギーを放出できる。
呼吸がリズミカルになると、体がエネルギーを吸収してしまう。
それを放出しようとしない。
そのときあなたは何時間でもセックスができるし、しかもエネルギーを失うことはない。
反対に、あなたはエネルギーを得る。
というのも、女性が男性を愛し、男性が女性を愛するとき、彼らは互いの再充電を助けるからだ。
彼らは対極のエネルギーだからだ。
対極のエネルギーが出会い、火花を散らすと、それらは互いを充電する。
そうでないと、エネルギーは失われ、セックスのあとあなたは少し騙されたような、ごまかされたような感じがする。
あれほど期待が高まっていたのに、なにも手に入らなかった。
両手は空っぽのままだ。
アーサナの次に調気、プラーナヤーマが来る。
何日間か見守って、ノートにつけてみなさい。
腹が立ったとき、あなたの呼吸のリズムはどうなるか――
呼気が長くなるか、吸気が長くなるか、それとも同じか？
あるいは吸気はほんの少しで、呼気がとても長くなるか、または呼気はほんの少しで、吸気がとても長くなるか？
吸気と呼気の割合を見守りなさい。

性欲が高まったとき、見守り、ノートにつけなさい。
ときには静かに坐って夜空を見上げて、周囲のすべてが静まり返っているとき、呼吸がどうなっているか、ノートにつけなさい。
自分が思いやりに満ちているように感じるとき、見守り、それをノートにつけなさい。
喧嘩をしたくなったとき、見守り、それをノートにつけなさい。
自分の呼吸の図表をつくると、多くのことがわかってくる。
プラーナヤーマは、あなたに教えられるものではない。
あなたは自分でそれを見つけねばならない。
というのも、だれもが異なったリズムで呼吸しているからだ。
呼吸とそのリズムは、指紋と同じぐらい異なっている。
呼吸は個性的な現象だ。
私がそれを教えないのはそのためだ。
あなたは自分自身のリズムを見つけなければいけない。
あなたのリズムはほかの人には合わないかもしれない。
ほかの人には有害なこともありうる。
あなたのリズムは、あなたが見つけるしかない。
それは難しくはない。
専門家に尋ねなくてもいい。
自分のすべての気分と状態を、1か月間、図表につけてみなさい。
そうすると、自分はどんなリズムのときにいちばん安らぎ、くつろぎ、深い手放しになるか、どんなリズムのときに静かで、穏やかで、冷静で、落ち着いているか、どんなリズムのときに不意に至福を感じるかわかる。
未知のものに満たされ、あふれているとき、そんな瞬間、あなたはあまりに多くを持っているので、全世界に与えることができる。

それが使い尽くされることはない。
このような瞬間を感じ、見守りなさい——
自分は宇宙とひとつだと感じる、もはやそこに分離はないと感じる、そこに橋がある瞬間を。
自分は木々や鳥や川や岩や、海や砂とひとつだと感じるとき——
見守りなさい。
あなたは呼吸に多くのリズムがあることに気がつく——
もっとも暴力的で、醜く、惨めな地獄のようなものから、
もっとも穏やかな天国のようなものまで。
そうやって、自分のリズムを見つけたら、それを実践しなさい。
それを生活の一部にしなさい。
それは少しずつ無意識なものになっていく。
そうなったら、あなたはそのリズムでしか呼吸しなくなる。
そのリズムがあれば、あなたの生活はヨーギの生活になる。
あなたは怒らない、あまり性欲を感じない、憎しみではち切れそうにならない。
ふと気がつくと、自分には変容が起こっていると感じる。
プラーナヤーマは人間の意識に起こった最大の発見のひとつだ。
プラーナヤーマと比べたら、月へ行くことなどなんでもない。
それは見た目にはすばらしいことだが、大したことではない。
というのも、たとえ月へ行ったとしても、あなたはそこでなにをするのか？
たとえ月へ行っても、あなたはまったく変わらない。
ここでやっているのと同じくだらないことをするだろう。
プラーナヤーマは内なる旅だ。
そしてプラーナヤーマはわずか八つの段階の四つめだ。
プラーナヤーマで旅の半分が終わる。

プラーナヤーマを学んだ人——ただし教師からではない、
それは偽物であり、私はそれを認めない——
みずからの発見と注意力によって学んだ人、自分の存在のリズムを学んだ人は、すでに目標の半分を達成している。
プラーナヤーマはもっとも重要な発見のひとつだ。

そしてプラーナヤーマ、調気の次に来るのがプラティヤハーラ、捨象だ。
プラティヤハーラはキリスト教の「後悔」と同じだ。
「悔い改める（repent）」は、じつはヘブライ語では「帰る（return）」という意味だった。
悔い改めるのではなく、帰ること、戻ってくることだ。
イスラム教の「トバ」も「後悔」ではない。
それにもやはり後悔の意味合いが付け加えられているが、トバもまた帰ってくること、戻ってくることだ。
そしてプラティヤハーラもやはり帰ってくること、戻ってくることだ。
家に入ること、内に入ること、帰宅すること。
プラティヤハーラがプラーナヤーマの次に可能になるのは、
プラーナヤーマがあなたにリズムをもたらすからだ。
今やあなたはスペクトラムの全域を知っている。
どのリズムのときにわが家にいちばん近いか、
どのリズムのときに自分からいちばん離れているかを知っている。
暴力的で、性的になり、怒り、嫉妬し、所有欲が深いとき——
あなたは自分から遠く離れていることに気がつく。
慈しみ、愛し、祈り、感謝するとき、
あなたはわが家に近づいていることに気がつく。

プラーナヤーマにの次にプラティヤハーラ、回帰が可能となる。
今やあなたは道を知っている。
どうやって引き下がるかをすでに知っている。

次に来るのがダラーナだ。
プラティヤハーラのあと、だんだんとわが家の近くまで帰ってきて、自分の深奥の核に近づいたとき、あなたはみずからの存在のちょうど入口に立っている。
プラティヤハーラが、あなたを入口の近くまで連れてくる。
プラーナヤーマは外側から内側への橋だ。
プラティヤハーラ、帰還は入口だ、その次にダラーナ、集中が可能になる。
今ではあなたは心をひとつの対象に向けることができる。
最初、あなたは自分の体を方向づけた。
最初、あなたは自分の生命エネルギーを方向づけた。
今やあなたは自分の意識を方向づける。
今や意識はあちこちへ行くことを許されない。
今やそれは目標に注がれねばならない。
その目標が集中、ダラーナだ。
あなたは意識を一点へと集める。
意識を一点に集めると、思考が止まる。
なぜなら、思考はあなたの意識がここからあそこへ、あそこから別のところへと揺れ動いているときに初めて可能となるからだ。
あなたの意識が絶えず猿のように飛び跳ねているとき、そこにはたくさんの思考があり、あなたの心全体が群衆、市場の雑踏でごった返している。
今なら可能性がある。

プラーナヤーマのあと、プラティヤハーラのあと、
そこに可能性が生まれてくる。
あなたは一点に集中することができる。
一点に集中することができると、次にディアーナが可能となる。
集中では、あなたは心を一点に集める。
ディアーナでは、その一点もまた落とされる。
今やあなたは完全に中心に据わって、「どこにも行かない」
というのも、どこかへ行くことはつねに外側に行くことだからだ。
集中するひとつの思考さえ、あなたの外側にあるものだ。対象が存在する。
あなたひとりではない。
そこには二つのものがある。
集中においてさえ二つのもの、対象とあなたがある。
集中の次に対象が落とされねばならない。
どんな寺院もあなたを集中まで導くことしかできない。
あなたをその向こうに導くことはできない。
なぜなら、どんな寺院にも対象があるからだ——
神像が集中の対象だ。
どんな寺院もあなたをダラーナ、集中へと導くことしかできない。
だから宗教が高度になると、寺院や偶像がなくなる。
それはなくならざるをえない。
寺院はすっかり空っぽにならないといけない。
あなたひとりがいて、ほかにはだれもいない。
対象もない。純粋な主観だけ。
ディアーナは純粋な主観、黙想だ。
「なにか」に黙想するのではない。
というのも、なにかに黙想したら、それは集中だ。

英語にはもっと適当な言葉がない。
黙想（contemplation）は、そこに集中するものがあることを意味する。
ディアーナは瞑想だ——
そこにはなにもなく、すべてが落ちているが、あなたは強烈な気づきの状態にある。
対象は落ちたが、主観は眠りに落ちてはいない。
深く集中し、いかなる対象もなく、中心に据わっている——
が、まだ「私」という感触が残っている。
それがまとわりついている。
対象は落ちたが、主観がまだ残っている。
あなたはまだ自分があると感じている。
これは自我《エゴ》ではない。
サンスクリット語には「アハンカーラ」と「アスミター」という二つの言葉がある。
アハンカーラは「私がある」ということだ。
そしてアスミターは「ある」ということだ。
「あること」だけ、自我は存在していない。
影だけが残っている。
あなたはいまだに感じる、なんとなく、自分があると。
それは思考ではない。
なぜなら、もしそれが「私がある」という思考なら、それは自我だからだ。
瞑想では自我は完全に消え去っている。
しかし、「あること」、影のような現象、かすかな感覚が、あなたにまとわりついている。
早朝、あなたのまわりに霧が立ち込めるように。

瞑想では、時間は朝だ。
太陽はまだ昇っていない。
霧が立ち込めている。
アスミター、「あること」がまだそこにある。
あなたはまだ後退するかもしれない。
ちょっとした妨げで——だれかがしゃべりはじめて、あなたが聞き耳を立てると——瞑想は消えて、あなたは集中に戻ってしまう。
聞き耳を立てるだけでなく、それについて考えはじめると、
集中さえ消えてしまう。
あなたはプラティヤハーラに戻っている。
そしてたんに考えるだけでなく、その思考に同化してしまうと、プラティヤハーラは消えてしまう。
あなたはプラーナヤーマに落ちている。
そしてその思考に完全に捕らえられて、呼吸のリズムが失われると、プラーナヤーマは消えてしまう。
あなたはアーサナに落ちている。
だが、思考と呼吸がひどくかき乱され、体が震えだしたり落ち着かなくなったりすると、アーサナは消えてしまう。
それらは関係しあっている。
人は瞑想から落ちるかもしれない。
瞑想は世界でいちばん危険な地点だ。
なぜなら、それは最高地点であり、そこから落ちるときは真っ逆さまに落ちるからだ。
インドには「ヨーガブラスタ」という言葉がある。
ヨーガから落ちた人という意味だ。
この言葉はいかにも風変わりだ。
それは称賛であるとともに非難だ。

ある人はヨーギだと言うとき、それは最高の賛辞だ。
ある人はヨーガブラスタだと言うとき、それは非難でもある。
その人はヨーガから落ちた。
その人は過去生のどこかで瞑想にまで到達し、それから落ちた。
瞑想から世間に逆戻りする可能性が残っている——
アスミターのために、「あること」のために。
種子がまだ生きている。
それはいつ芽を吹くかもしれない。
だから旅はまだ終わっていない。
アスミターも消えて、もはや自分があると考えないとき——
もちろん、あなたはあるが、それを考えない、
「私がある」はない、「あること」さえない——
そのときサマーディが起こる。
没我が、歓喜が。
サマーディは一線を超える。
そして人は二度と戻ってこない。
サマーディは回帰不能な地点だ。
そこからはだれも落ちない。
サマーディにある人は神だ。
私たちはブッダを神と呼び、マハヴィーラを神と呼ぶ。
サマーディにある人は、もはやこの世界のものではない。
彼はこの世界にいるかもしれないが、もはやこの世界のものではない。
彼はそれに属していない。彼は部外者だ。
彼の肉体はここにあるが、彼のわが家はほかのどこかにある。
彼はこの地上を歩いているが、もはやこの地上を歩いていない。
サマーディの人についてこのように言われる、

彼はこの世界に生きているが、世界は彼のなかに生きていない、と。
これらは八つの段階であり、そして八つの手足だ。
手足であるのは、それらが深い相互関係にあって、深く有機的にかかわっているからだ。
それらが段階なのは、あなたはそれらをひとつずつ通り抜けねばならないからだ。
どこから始めてもいいのではない、あなたはヤーマから始めなければならない。

あと、まだいくつかのことが残っている。
というのも、これはパタンジャリにとってきわめて重要な現象であるから、あといくつかのことが理解されなければならないからだ。
ヤーマはあなたと他人のあいだの橋だ。
自制とはみずからの振舞いを抑制することだ。
ヤーマはあなたと他人、あなたと社会のあいだにある現象だ。
それはより意識的な振舞いだ。
あなたは無意識に反応しない。
あなたは機械のように、ロボットのように反応しない。
あなたはもっと意識的になる、もっと注意深くなる。
なにか絶対的な必要があったときにだけ反応する。
そのときでさえ、その反応が反応ではなくて応答になるように努める。
応答（response）は反応（reaction）とは違う。
その最大の違いは、反応は機械的であって、応答は意識的だということだ。
だれかがあなたを侮辱すると、すぐにあなたは反応し、相手を反対に侮辱する。
理解が入り込む余地は一瞬もなかった。
それは反応だ。
自制の人は少し待って、侮辱をよく聞き、それについて考える。
グルジェフはよく一生の転機となったある出来事について語った。
祖父が死の床にあったとき、グルジェフはわずか9歳だった。
祖父は彼を呼んで言った、
「私は貧しいから、おまえに残してやれるものはない。だが、ひとつこれをやろう。ひとつだけ私が宝物のように大切にしてきたことだ。
私はそれを父からもらった。
おまえはまだ小さいが、これを覚えておきなさい。いずれ理解できるようになるから、とにかく覚えておくんだ。今のおまえには理解できないかもしれないが、覚えていたら、いずれ理解できるようになる」
彼はグルジェフにこんなことを言った。
「だれかに侮辱されたら、24時間後に、その人に返事しなさい」
それはひとつの変容になった。
というのも、24時間後に、どうして反応できるだろう？
反応は即座のものでなければならない。
グルジェフは言う、
「だれかが私を侮辱したら、あるいは、だれかが間違ったことを言ったら、私は言わねばならなかった、『明日また戻ってきます。24時間後でないと答えられないのです。これは祖父との約束ですが、祖父はもう亡くなっていますから、約束は変えられないのです。でも、必ず戻ってきますから』」
相手の男はあっけにとられた。

どういうことかさっぱりわからなかった。
そしてグルジェフは、そのことについて考えた。
考えれば考えるほど、それは無意味なことに思えた。
ときには相手が正しく、その人の言ったことが正しいように思えた。
そんなときは、グルジェフは相手に会って感謝した。
「あなたは私が気づかなかったことを明らかにしてくれました」
あるときは相手が完全に間違っていることがわかった。
相手が完全に間違っていたら、なんで気にするのか？
でたらめを気にする人はいない。
傷ついたなら、それにはなにかの真実があるに違いない。
そうでなければ傷つくはずがない。
そのときも、やはり、反発してもしかたがない。
そして彼は言った、
「何度もこういうことが起こった。祖父の戒めに従おうとしているうちに、だんだんと怒りが消えていった」
怒りだけではなかった。
彼は同じテクニックが他の感情にも使えることに気づくようになった。そしてあらゆるものが消えていった。
グルジェフは、この時代に到達された最高の頂、ブッダのひとりだった。
そしてその旅のすべてはほんの小さな一歩、死の床にある老人と交わした約束から始まった。
それが彼の一生を変えた。
ヤーマはあなたと他人との架け橋だ。
意識的に生きるがいい。
人びとと意識的にかかわりなさい。
次に二番目に来るのがニヤーマとアーサナの二つだ――

それらはあなたの体とかかわっている。
三番目のプラーナヤーマも橋だ。
最初のヤーマがあなたと他人とのあいだの橋であり、二番目の二つが別の橋のための準備をする。
あなたの体はニヤーマとアーサナによって準備され、
そしてプラーナヤーマが体と心との架け橋になる。
その次のプラティヤハーラとダラーナが心の準備をする。
ディアーナも、やはり、心と魂の架け橋になる。
そしてサマーディが達成だ。
それらはつながりあっている。一本の鎖だ。
そしてこれがあなたの一生だ。
あなたと他人のかかわりが変わらなければならない。
あなたのかかわり方が変容されなければならない。
これまでと同じように他人とかかわりつづけたら、そこに変わる可能性はない。
あなたは自分の関係を変えなければならない。
見守りなさい、自分が妻、友人、子供たちにどんなふうに振る舞っているか。
それを変えなさい。
あなたの関係には変えるべきところが何千となくある。
それがヤーマ、制御だ——
が、制御であって、抑圧ではない。
理解からは制御が生まれる。
人は無知ゆえに強制しつづけ、抑圧しつづけている。
いつもどんなことも理解とともにするようにしたら、
自分自身や他人を傷つけることはありえない。
ヤーマはあなたの周囲に和やかな環境をつくる。

みんなに敵対していたら、争い、憎み、怒っていたら、
どうして内側に入れるだろう？
そのすべてがあなたが内側に入ることを許さない。
あなたは表面が完全に乱れていて、内なる旅なんてできない。
あなたの周囲に和やかな、友好的な雰囲気をつくりだすもの、それがヤーマだ。
他人と気持ちよく、意識的にかかわれば、彼らはあなたの内なる旅を妨げるような問題をつくらない。
彼らは助けになっても、あなたを妨害したりしない。
子供を愛していたら、あなたが瞑想しているとき、彼があなたの邪魔をするようなことはない。
彼はほかの人に言うだろう、
「静かにしてよ。父さんが瞑想してるんだ」
しかし、子供を愛さないで、怒ってばかりいたら、あなたが瞑想しているとき、彼はあらゆる厄介事を起こすだろう。
彼は無意識のうちに仕返しをしたがっている。
妻を深く愛していたら、彼女は協力的になる。
そうでなければ、あなたが祈ることを許さないし、あなたが瞑想することを許さない――あなたは彼女の操縦から抜け出そうとしている。
私はそれを毎日のように見ている。
夫がサニヤシンになると、妻が泣きながらやって来る。
「私の家族になにをしたんですか？　私たちはもうお終いです」
そこで私は夫が妻を愛していなかったことを知る。
そうでなければ、彼女は幸せだったろう。
夫が瞑想的になることを歓迎しただろう。
しかし、彼は妻を愛してはいなかった。

今では、ただ愛していないだけでなく、内側へ入ろうとしているから、今後も、夫から愛情を得られる可能性はなくなってしまった。
ある人を愛していたら、その人はあなたの成長にいつでも協力的だ。
なぜなら、彼は知っているからだ、彼女は知っているからだ。
成長するほど、あなたはもっと愛せるようになることを。彼らは愛の味を知っている。
すべての瞑想はあなたがもっと愛情深くなり、あらゆる面でもっとすばらしくなることを手助けする。
だが、これは毎日のように起こっていることだ。
だれもが相手をコントロールしようと躍起になっている。
ヤーマの人は他人ではなく自分自身を制御する。
彼は他人には自由を与える。
しかし、あなたは他人を制御しようとする。
けっして自分自身ではない。
ヤーマの人は自分自身を制御し、他人には自由を与える。
彼は愛情深いから自由を与えることができるし、自分自身を愛しているから自分自身を制御できる。
このことは理解されなければならない。
彼は自分を愛しているから、自分のエネルギーをむだにしたくはない。どうにかしてそれに方向を与えたい。
次に、ニヤーマとアーサナは体のためにある。
規則正しい生活は、体の健康にとってとてもよいものだ。
なぜなら、体は機械だからだ。
不規則な生活をすると、あなたは体を混乱させてしまう。
今日は１時に食事をした。
明日には11時に食事をする。

明後日は10時に食事をする——あなたは体を混乱させている。
体の内部には生体時計がある。
それはパターンに従って動いている。
食事を毎日きっかり同じ時間にとると、体はいつもなにが起こっているか把握できる状態にある。
体は起こっていることに対処できる。
胃には適切なときに消化液が流れる。
そうでないと、食べ物を食べたいときに食べたとしても、消化液が流れない。
食べ物を食べても消化液が流れないと、食べ物は冷えてしまう。
そうなるとうまく消化ができない。
食べ物を温かいうちに受け容れられるように、消化液の準備ができていないといけない。
そのときはすぐに吸収が始まる。消化液の準備ができていて、待っていたら、食べ物は6時間以内に吸収される。
消化液が待っていないと、それには12時間から18時間かかる。
すると体が重くなって、あなたは倦怠感を覚える。
そのとき食べ物はあなたに生命は与えはしても、純粋な生命を与えない。胸に重しが乗っているような感じがする。
あなたはなんとか自分を動かし、自分を引きずっていく。
食べ物はきわめて純粋なエネルギーにもなる——
だが、それには規則正しい生活がなくてはならない。
あなたは毎日10時に眠りにつく。
体は知っている。10時ちょうどに体があなたに知らせる。
それを強迫観念にしなさいと言っているのではない。
母親が亡くなろうとしているのに、それでもあなたは10時に眠りにつく。

私はそんなことは言っていない。
というのも、強迫観念を持つ人がいるからだ……。
強迫観念にしてはいけない。
イマヌエル・カントには多くの逸話がある。

彼は規則正しさに取りつかれてしまった。それは狂気になった。彼には決まった日課があった。秒単位で決まっていたので、来客があったときも、彼は時計に目をやりはしても、客には一言も声をかけなかった。話しているひまがなかった。彼はベッドに飛び込むと、毛布をかぶって眠ってしまった。客はそこに座っていた。召使がやって来て言った、「お帰りください、お休みの時間なのです」召使はカントと息がぴったり合っていたから、「お食事の時間です」と告げる必要はなかったし、「お休みの時間です」と言う必要さえなかった。時間を告げるだけでよかった。召使は部屋に入ってくると言う、「旦那様、11時です」ほかにはなにも言わなくてよかった。

カントがあまりに規則正しいので、召使のほうが指図するようになった。彼はいつも威した、「給料を上げてくれないと辞めます」すぐに給料を上げるしかなかった。というのも、別の召使が、新米が来ると、日課がすべて狂ってしまうからだ。一度それをやってみた。新米がやって来たが、カントは秒単位で生活していたので、使いものにはならなかった。

彼は大学へと出勤した。彼は優れた教師で、しかも偉大な哲学者だった。ある日、雨が降っていたので、道がぬかるみ、片方の靴が泥にはまってしまった。彼はそれを置き去りにした。そうでないと遅刻するところだった。彼は残りの道を片方の靴で歩いていった。ケーニヒスベルクの大学町では、人びとは彼を見ると時計を合わせたということだ。なぜなら、彼のすべての動きがきっかり時間通りだったからだ。

カントの隣家を手に入れて、そこに引っ越してきた人が、新たに庭木を植えはじめた。毎日夕方五時きっかりに、カントは自宅のそちら側に来ると、その窓辺に座って、空を見上げるのが習慣だった。今では木々が窓を覆ってしまい、空を見ることができなかった。彼は病気になり、すっかり体調を崩してしまったが、医者たちはどこが悪いのか見つけられなかった。というのも、彼はとても規則正しい人で、非の打ち所がないほど健康だったからだ。医者たちは悪いところを見つけられなかった。彼の診断を下せなかった。すると召使が言った、「心配ありません。私は原因を知っています。あそこの木々が規則正しい日課の邪魔をしているんです。今ではご主人はあの窓辺に行って、そこに座り、空を見上げることができません。今では空を見られないのです」隣人を説得するしかなかった。木々が切り倒されると、カントはすっかり元気になった。病気は治ってしまった。

だが、これは強迫観念だ。
なにかに取りつかれなくていい。
なにもかも理解とともになされるべきだ。
ニヤーマとアーサナ、規則正しさと坐法、
それらは体のためのものだ。
制御された体は美しい現象だ。
制御されたエネルギー、それは輝きを放って、つねに余裕があって、つねに生き生きとし、けっして鈍く死んだようにはならない。
このとき体も知性的になる。
体も賢くなる。

体は新たな気づきに輝く。
その次にプラーナヤーマが橋となる。
深い呼吸は心から体への橋だ。
あなたは呼吸によって体を変えることができる。
呼吸によって心を変えることができる。
プラティヤハーラとダラーナ、帰還と集中は心の変容にかかわっている。
次にまたディアーナが、心から自己、または「無自己」への架け橋となる。
自己、無自己、呼び方はなんでもいい。
それは両方だ。
ディアーナはサマーディへの架け橋だ。
最初に社会がある——社会からあなたへの架け橋がヤーマだ。
体がある——体には規則正しさと坐法だ。
そして心と体は次元が違うから、もうひとつの橋がある——
それはプラーナヤーマだ。
その次に心の訓練——プラティヤハーラとダラーナ、
家への帰還と集中がある。
そしてまた橋、最後の橋があるが、それがディアーナだ。
こうしてあなたは目的地へ、サマーディへと到達する。
「サマーディ」は美しい言葉だ。
それは今やすべてが解決されたことを意味する。
それはサマーダーン、すべてが達成されたことを意味する。
今では欲望はない。
達成すべきものはなにもない。
もはや「彼方」はない。あなたはわが家へと帰り着いた。

Chapter 5

坐法と呼吸

Posture and Breath

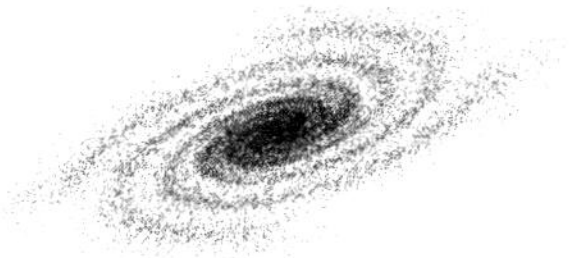

坐法は安定した、快適なものであるべきだ。
坐法を極めるには、努力をくつろがせ、無限なるものに瞑想する。
坐法を極めると、二元対立に起因する障害がなくなる。
坐法の完成に続く、次の段階は調気であり、これは吸気や呼気をこらえ、また息を急に止めることにより達成される。
調気の長さと回数は時間と空間によって決まり、それはより長く微細なものになる。
調気には他の三つを超えた、内在的な、第四の領域がある。

先日、私はインドの古い寓話、あるきこりの物語を読んでいた。それはこんな話だ——

きこりの老人が頭に大きな重たい薪の束を乗せて森から戻ってきた。彼はずいぶん年寄りでとても疲れていた。毎日の決まりきった仕事に疲れていただけでなく、人生そのものに疲れていた。人生に大した意味は感じられなかったし、毎日毎日が同じ退屈なことのくり返しだった。朝早く森に出かけて、一日中木を切って、夕方には薪をかついで町に帰ってくる。ほかにはなにも思い出せなかった。ただこれだけだった。これだけが彼の人生のすべてだった。老人はうんざりしていた。人生は彼にとって意味のあるものではなかった。なんの意義も見出せなかった。

特にその日は、ひどく疲れて、汗びっしょりだった。ぜいぜいと息を切らして、重たい薪と自分の体を運んでいた。突然、なにかを象徴するかのように、彼は重たい薪を放り出した。その瞬間はだれの人生にも訪れる、重荷を投げ捨てたくなる瞬間が。頭上の薪の束だけではなかった。それはなにかを象徴していた。彼はいっしょに自分の人生を放り出したのだ。がっくりと地面に膝をついて、彼は天を見上げて言った、「死神よ！　おまえはだれのところにもやって来るのに、どうしてわしのところにはやって来ない？　わしはあとどれだけ苦しまねばならないのだ？　あとどれだけ重荷を運ばねばならないのだ？　罰はまだ十分ではないというのか？　わしはどんな過ちを犯したというのだ？」

老人はわが目を疑った——目の前に死神が現れたのだ！　木こりは周囲を見回して、恐ろしくなって震え上がった。なにを言ったか知らないが、本気ではなかった！　それにこんなことは聞いたこともなかった——死神を呼んだら死神が現れるなんて。
死神は言った、「わしを呼んだかね？」
いっぺんに疲れもだるさも一生の仕事の退屈さもふっ飛んでしまった。彼は飛び起きると言った、「ええ……ええ、呼びましたとも。どうか、お願いですから、この薪の束を、重たい荷物を、わしの頭に戻してもらえませんか。ここにはだれもいなかったものですから、あなた様をお呼びしたんですよ」

人生に疲れ果ててしまう瞬間がある。
死にたくなるような瞬間がある。
だが、死ぬことはひとつのわざだ。
それは習わなければいけない。
それに人生が嫌になったとしても、深いところで生きる意欲が失せてしまったのではない。
あなたはある特定の生活が嫌になったが、人生全体が嫌になったのではない。
だれでもある特定の生活に倦き倦きする——退屈な日課、くたびれる仕事、これでもかこれでもかと同じことのくり返し。
だが、人生そのものが嫌になったのではない。
それに、もし死神がやって来たら、あなたもきこりと同じことをするだろう。
彼の振舞いはまったく人間的だった。
彼を笑ってはいけない。
あなたもこの際限のない愚行を何度やめたいと思ったことか。なんで続けていくのか？
だが、死神が不意に現れると、あなたには準備ができてない。

死ぬ覚悟ができているのはヨーギだけだ。
というのも、ヨーギは自発的な死、みずから進んで迎える死によって、永遠の生が成就されることを知っているからだ。
ヨーギだけが死が扉であることを知っている。
それでお終いではない。
実際には、それは始まりなのだ。
実際には、その向こうに無限の神性が開けている。
実際には、それを超えて初めて、
あなたは本当に、真の意味で生きる。
あなたの体の心臓《ハート》が鼓動するだけでなく、あなたが鼓動する。
外側のことに胸を躍らせるだけでなく、あなたは内なる存在によって歓喜に酔いしれる。
豊穣の生、永遠の生には、死の扉から入らなければならない。
だれもが死ぬ——が、その死は自発的なものではない。
死はあなたに強いられるものだ。
あなたは自分から望んでいない。
あなたは抵抗し、泣き、叫ぶ。
あなたはこの世のこの肉体にもう少しとどまっていたい。
あなたは恐れている。
あなたには暗闇、終わりしか見えない。
だれもが嫌々ながら死んでいくが、そのときには死は扉とならない。
あなたは恐くなって目を閉じてしまう。
ヨーガの道にある人たちにとって、死は喜んで迎えるべき現象だ。
彼らはそれを待ち望む。
彼らは自殺的なのではない。
彼らは生に対立しているのではない、より大きな生に賛成しているのだ。

彼らはより大きな生のために自分の生を犠牲にする。
彼らはより大きな生のためにその自我を犠牲にする。
彼らは至高の自己のためにその自己もまた犠牲にする。
彼らは無限なるもののために次々と有限のものを犠牲にしていく。
これがまさに成長というものだ——自分の持っているものを、自分が空っぽになって、なにも持たなくなって初めて可能となるもののために、次々と犠牲にしていくということ。
パタンジャリのわざは、いかにして抵抗せずに、みずから進んで死を迎え、みずから進んで明け渡す境地に至るかということに尽きる。
これらの経文は準備だ。
死ぬ準備、より大きな生に入る準備だ。

坐法は安定した、快適なものであるべきだ。

パタンジャリのヨーガは著しく誤解され、間違った解釈が行われてきた。
パタンジャリは体操教師ではないが、ヨーガはまるで体操のように見られている。
パタンジャリは体に対立していない。
彼は曲芸じみたことを教える人ではない。
彼はあなたに体の優美さを教える。
というのも、彼は優美な体にのみ優美な心が宿ることを知っているからだ。
優美な心にのみ優美な自己が可能になることを。
そして優美な自己にのみ、彼方が。
一歩また一歩と、さらに深くさらに高い優美さに達しなければならない。
体の優美さこそ、パタンジャリがアーサナ、坐法と呼ぶものだ。
彼はマゾヒストではない。
彼は自分の体をいじめることを教えていない――
彼はこれっぽっちも体に対立していない。
どうして対立できようか？
彼は体がまさに礎石となることを知っている。
体を軽んじたら、体を訓練しなかったら、より高い訓練は可能とならないことを知っている。
体は楽器のようなものだ。
それは正しく調律されなければいけない。
そうして初めて楽器からもっと高度な音楽が生まれてくる。
楽器自体がなんらかの理由でまともな状態でなかったら、それからすばらしいハーモニーが生まれてくることを、どうして期待し、想像することができようか？
不協和音しか生じない。
体はヴィーナ、楽器だ。
坐法は安定したもの、とても深い喜びに満ちたもの、快適なものでなければいけない。
だからけっして体をねじ曲げようとしないこと、けっして心地よくない坐法をやりとげようとしないこと。
西洋人にとって床に坐ることは、パドマアーサナ、蓮華坐で坐ることは難しい。
彼らの体はそのような訓練を受けていない。
このことは悩む必要はない！
パタンジャリはその坐法をあなたに強いたりしないだろう。
東洋では、人びとは生まれたときから、そんなふうに坐っている。

幼い子供は床に坐る。
西洋では、寒い国々ではどこでも、椅子が欠かせないものになる。
床は冷たすぎる。
だが、それについて心配する必要はない。
パタンジャリの坐法の定義を知れば、あなたにも理解できるだろう——それは安定した、快適なものでなければいけない。
椅子に安定して、快適に座れるなら、それでまったく問題はない。
蓮華坐をやるために、いたずらに体に無理をさせなくてもいい。
じつのところ、西洋人が蓮華坐をやりとげようとしたら、6か月間は体に無理をさせなくてはいけない。
それは拷問だ。
そんなことをしなくてもいい。
パタンジャリはこれっぽっちも、あなたが体をいじめることを手伝おう、勧めようとはしていない。
苦しいだけの姿勢で無理に坐っても、それはパタンジャリの意に沿った坐法ではないだろう。
坐法は自分の体を忘れてしまうようなものであるべきだ。
快適さとはなにか？
自分の体を忘れてしまうなら、あなたは快適だ。
絶えず体のことが気になるなら、あなたは不快だ。
だから椅子に座ろうと、床に坐ろうと、そのことは重要ではない。
快適にするがいい。
というのも、体が快適でなかったら、もっと深い層に属するその他の祝福は期待できないからだ。
最初の層を見逃したら、他のすべての層は閉ざされてしまう。
本当に幸せになりたかったら、至福に満ちたかったら、最初の最初から至福に満ちているべきだ。

体の快適さは、内なる歓喜に達しようとする人には、基本的に欠かせない。

坐法は安定した、快適なものであるべきだ。

そして坐法が快適なとき、それは必ず安定している。
坐法が不快なら、あなたはもぞもぞと落ち着かない。
坐法が不快なら、あなたは坐り方を変えてばかりいる。
坐法が本当に快適なら、どうしてもぞもぞ動き、落ち着かず、坐り方を変えてばかりいるのか。
そしていいかな、あなたにとって快適な坐法は隣の人には快適でないかもしれないから、自分の坐法をだれかに教えようとしてはいけない。
だれの体も個性的だ。
あなたにとって快適なものも、他の人には不快かもしれない。
だれの体も独自のものであるはずだ。
なぜなら、だれの体も独自の魂を宿しているからだ。
あなたの指紋は独特のものだ。
世界中を探しても、あなたと同じ指紋を持つ人はひとりもいない。
今日だけでなく、過去のすべての歴史を探してみても、あなたと同じ指紋を持つ人はいない。
そしてこういったことに詳しい人たちは、未来にもあなたと同じ指紋を持つ人は現れないと言う。
指紋なんて取るに足りない、ささいなものだが、それでも独自のものなのだ。
それはどんな肉体も独自の存在を宿していることの表れだ。
あなたの指紋が他人とそれほど違うなら、あなたの体、体全体も異なっているはずだ。
だから他人のアドバイスに耳を貸してはいけない。
あなたは自分に合った坐法を見つけなければならない。
それを習うために教師のもとへ行かなくてもいい。
自分の快不快の感覚を教師とするべきだ。
そして試してみれば——数日のうちに、自分の知っているすべての坐法、自分にできるすべての坐り方を試してみたら——やがて正しい坐法に行き当たり、巡り合うことだろう。
そしてこれが正しい坐法だと感じた瞬間、あなたのなかですべてものが静まり返り、穏やかになる。
そして他人はあなたに教えることができない。
というのも、あなたの体のハーモニーは、どの坐法のときにいちばん安定して快適なのか、だれも知ることはできないからだ。
自分に合った坐法を見つけようとしなさい。
自分に合ったヨーガを見つけようとしなさい。
そして規則などに従ってはいけない。
なぜなら、規則は平均値だからだ。
ある都市に百万人の人がいるとする。
ある人は身長が152センチ、ある人は165センチ、ある人は168センチ、ある人は183センチ、ある人は198センチだ。
その百万人には子供も含まれている。
彼らの身長も足し、百万人の身長の合計を百万で割れば、平均身長が求められる。
それは142センチぐらいかもしれない。
そこで、その平均身長の人を探しに行くが、そんな人は見つからない。
平均的な人なんて存在しない。

「平均」はこの世でいちばん欺瞞的なものだ。
平均の人なんていない。
だれもが自分自身だ。
「平均」は数字の上だけのことだ。
それには実体がない、それは現実のものではない。
規則というものは平均のために存在している。
それはあることを理解するのには便利だが、そんな規則に従ってはいけない。
そうでないと、あなたはいたたまれなくなる。
142センチが平均身長だ。
ところが、あなたは152センチで、10センチも高い。
切り詰めるしかない。
どうにも落ち着かない！　自分が平均身長に見えるように歩く。
あなたは醜い現象、欠陥人間になってしまう。
あなたはラクダのようになにからなにまで不格好だ。
平均に従おうとする人は大事なものを見失う。
平均は数学的な現象であって、数学は現実のなかには存在しない。
それは人間の心のなかにだけ存在する。
現実のなかに数学を探しても見つからない。
だからこそ数学は唯一の完璧な科学なのだ。
なぜなら、それはまったく現実的ではないからだ。
現実的でないものについてだけ、あなたは完璧になることができる。
現実はあなたの規則や決まりなどかまってはくれない。
現実は自分から動いていく。
数学が完璧な科学であるのは、それが頭脳によるもの、人間がつくり上げたものだからだ。
人間がこの世から消えてしまったら、最初に消えるのは数学だろう。

ほかのものは残るかもしれないが、数学はこの世には存在できない。
いつも忘れてはいけない。
すべての規則、すべての規律は平均に基づいている。
そして平均は実在しない。
平均になろうとしてはいけない――なれる人はいない。
人は自分のやり方を見つけなければいけない。
平均を学ぶのはいい。それは便利なものだ。
しかし、それを規則にしないこと。
暗黙の了解にとどめておきなさい。
それを理解したら、忘れてしまいなさい。
それは大まかな道案内となることはできても、絶対に確かな教師とはなりえない。
それは大まかな地図のようなもので、完璧なものではない。
この大まかな地図はなんらかのヒントを与えてくれるが、あなた自身が自分の内側の心地よさを、安定を見つけなければいけない。
あなたの感じ方が決定要因になるべきだ。
だから、あなたが自分自身の感覚を見つけられるように、パタンジャリはこのような定義をする。
坐法に関して、これより適切な定義はない――

坐法は安定した、快適なものであるべきだ。

じつをいうと、私はもっと別の言い方をしてみたい。
このサンスクリット語の定義はもっと別の訳し方ができる。
坐法は安定した快適なものである。
スティール・スカム・アーサナム。
安定して快適なのが坐法である。

このほうがもっと正確な翻訳になる。
「べき（should）」を持ち込んだとたんに、話がややこしくなる。
サンスクリット語の定義に「べき」はないが、英語にはそれが入っている。
私はパタンジャリの多くの翻訳に目を通してみた。
それらはすべて「坐法は安定した、快適なものであるべきだ」となっている。
サンスクリット語の定義、「スティール・スカム・アーサナム」に「べき」はない。
「スティール」は「安定した」、「スカム」は「快適な」、「アーサナム」は「坐法」の意味だ。
それだけだ。
「安定し、快適なもの、それが坐法だ」
どうしてこの「べき」が入り込むのか？
それは私たちが、それから規則をつくりだしたいからだ。
それはシンプルな定義、指針、指標だ。
それは規則ではない。
そしてつねに覚えておくべきは、パタンジャリのような人たちはけっして規則を課さないということだ。
彼らはそんなに愚かではない。
彼らはたんに指標、ヒントを示す。
あなたはそのヒントを、自分の存在のなかへ読み解いてやらなければならない。
あなたはそれを感じ、答えを出さなければならない。
それから規則に行き当たる。
だが、その規則はあなただけのためのものであって、ほかのだれのためのものでもない。

人びとがこれを忘れないでいたら、この世界はとても美しいものになるだろう。
だれも他人になにかをするように強いないし、だれも他人に規律を押しつけようとはしない。
というのも、あなたの規律があなたにとってよいことが明らかでも、他人には有害かもしれないからだ。
あなたのための薬は必ずしも万人のための薬とはならない。
それを安易に他人に与えてはいけない。
だが、愚かな人びとはいつも規則に従って生きている。

聞いた話だが、ムラ・ナスルディンは医学を学ぶためにある名医について、なにかヒントをつかもうと先生を見守っていた。先生が患者の回診に行くときは、ムラもついて行った。ある日、ムラは驚いた。先生は患者の脈をとり、目を閉じて、瞑想すると、こう言った、「あなたはマンゴーを食べすぎですね」

ムラはびっくりした。どうして先生は脈を診ただけで、そんなことがわかったのか？　脈でマンゴーを食べたことがわかるなんて、今まで聞いたこともなかった。彼は首をひねった。帰宅する途中、ムラは尋ねた、「先生、ちょっと教えてもらえませんか。どうやって……？」

先生は笑って言った、「脈でそんなことはわからないが、患者のベッドの下を見たんだよ。たくさんマンゴーがあって、まだ食べてないものや、いくつか食べかけのもあった。だからそんなことだろうと思ってね。あれは推測だったんだよ」

ある日、先生の具合が悪かったので、ムラが代わりに毎日の回診へ行くことになった。彼は新しい患者のところへ行くと、脈をとり、目を閉じ、先生そっくりに少し考え込んでから、こう言った、「あなたは馬を食べすぎですね」
　患者は言った、「なんですって！　正気ですか？」
　ムラはすっかり混乱してしまった。ひどく落ち込んで、しょんぼりと帰宅した。先生は尋ねた、「どうしたんだね？」
　ムラは言った、「私もベッドの下を見たんですよ。鞍やその他の馬具があったけど、馬はいませんでした。それで考えたんですよ、『馬を食べすぎたに違いない』」

愚かな人はこんなふうにいつもなにかに従っている。
愚かでいてはいけない。
このような定義、警句、経文はごく大まかに受け止めたほうがいい。
それを理解の助けにするのはいいが、
厳密に従おうとしてはいけない。
それを内側深くへ入らせて、自分自身の知性にし、
そして自分の道を探しなさい。
偉大な教えはすべて間接的だ。
どうやってこの坐法をやりとげるのか？
どうやってこの安定をわがものとするのか？
まず快適かどうかを見なさい。
あなたの体が現に深い快適さ、深い安らぎのなかにあり、心地よさを感じているか、ある種の幸福感があなたを包み込んでいるか——それを判断の基準にするべきだ。
それを試金石にするべきだ。
これはあなたが立っていてもできるし、あなたが横になっていてもできるし、あなたが床に坐ったり椅子に座ったりしていてもできる。
それがどこでもできるのは、その快適さが内側にあるからだ。
その状態に達したら、あなたはもうもぞもぞ動いていたいとは

思わない。
なぜなら、動けば動くほど、それを逃してしまうからだ。
それはある特定の状態で起こる。
動いたら、それから遠ざかってしまう。
それを邪魔することになる。
だれのなかにもある自然な欲求——そしてヨーガはもっとも自然なものだ——それは快適でいたいという欲求だ。
居心地が悪いときには必ず、あなたはそれを変えたくなる。
それは自然なことだ。
自分のなかの自然な、本能的な仕組《メカニズム》みにつねに耳を傾けなさい。
それはほとんどつねに正しい。

坐法を極めるには、努力をくつろがせ、無限なるものに瞑想する。

すばらしい言葉、優れた指針、指標だ。
パタンジャリの言う坐法を達成したければ、なによりもまず、プラヤントナ・シャイティリヤ、努力をくつろがせること。
快適で、安定し、体は深い静寂のなかにあり、なにものも動かない。
体はあまりに快適なので動きたいという欲求が消えてしまう。
あなたは快適さを楽しみはじめ、それは安定してくる。
そしてあなたの気分の変化につれて体も変わり、あなたの体の変化につれて気分も変わる。
これを観察したことはあるだろうか？
あなたは映画館に行く。
自分が何度も姿勢を変えるのを観察したことはないか？
なぜそうなるか考えたことはないか？

スクリーンでとても刺激的なことが起こっていたら、あなたは椅子にゆったりもたれてはいられない。
あなたは体を起こし、背筋はまっすぐになる。
退屈な場面が続いて、興奮がないと、あなたはゆったりする。
もう背筋は伸びていない。
ひどく不愉快な場面が続くと、あなたは姿勢を変えつづける。
なにかがとても美しかったら、瞬きすら止まってしまう。
その動きすら邪魔だ。
動かず、あなたは完全に安定し、落ち着いている。
まるで体が消えてしまったかのようだ。
この坐法をやりとげるには、なによりもまず努力をくつろがせることだ。
それはこの世でいちばん難しいことだ。
いちばん易しいが、いちばん難しい。
理解したら、やりとげるのは簡単だが、理解しなければ、やりとげるのはとても難しい。
練習すればいいというものではない。
それは理解の問題だ。
西洋では、エミール・クーエがまさにその法則を発見し、
それを「逆効果の法則」と名付けた。
それは人間の心に関するもっとも基本的なことのひとつだ。
なにかやりたいことがあるとき、絶対にそれをやろうとしてはいけない。
そうでないと逆効果になる。
例えば、あなたはなかなか眠れない——眠ろうとしないこと。
眠ろうとしたら、眠りはどんどん遠ざかってしまう。
眠ろうと頑張りすぎると、眠ることは不可能になる。

というのも、努力することが眠りに反するからだ。
努力がなくなったとき初めて眠りが訪れる。
眠りのことは気にせず、横になって頭を枕に乗せて、その枕の冷たさや毛布の暖かさを楽しみ、ベルベットのような暗闇に包まれ、ただそれを楽しんでいる……それだけ。
眠りのことすら考えていない。
いくつかの夢が心のなかを通りすぎる。
あなたはぼうっと眠たげに眺めているだけで、それにも大して関心を示さない。
というのも、興味が起こってきたら、眠りが消えてしまうからだ。
とにかく、あなたは超然とかまえ、ただ楽しみ、安らぎ、どんな目的も求めてはいない――すると眠りが訪れる。
どうしても眠らなくてはいけないと、あなたが頑張りはじめると、いったん「いけない」が入り込むと、それはほとんど不可能になる。
そうなると一晩中起きていることになり、たとえ眠りに入るにしても、それはあなたが努力することに疲れてしまったからにすぎない。
努力がなくなったとき、あなたがすべてをやり尽くし、お手上げになったとき、眠りが訪れる。
エミール・クーエが逆効果の法則を発見したのはわずか数十年前のことだ。
パタンジャリはおよそ五千年前にそれを知っていただろう。
彼はプラヤントナ・シャイティリヤ、努力をくつろがせることについて語っている。
あなたはその正反対のことを考えたかもしれない。
正しい坐法を極めるには多くの努力をしなければならない、と。
パタンジャリは言う、「努力しすぎると、それは不可能になる。
無努力がそれを起こらせる」

努力を完全に緩《ゆる》めなければいけないのは、努力は意志の一部であり、意志は明け渡しに反するからだ。
なにかをしようと頑張ったら、あなたは実在がそれをするのを妨げてしまう。
あなたが降参し、こう言うとき、
「わかりました、あなたの御心が行われますように。あなたが眠りをもたらされるなら、まったく申し分ありません。眠りをもたらされないなら、それもまったく申し分ありません。私はいっさい不平を申しません。私はそのことで愚痴をこぼしません。あなたのほうがよくご存じです。私に眠りをもたらすべきなら、もたらしてください。その必要がないなら、なんの問題もありません——もたらさないでください。どうか私の言うことなどお聞きになりませんように！　あなたの御心が行われますよう」
これが努力をくつろがせるということだ。
無努力はすばらしい現象だ。
いったんそれを知ったら、あなたには何百万ということが可能になる。
努力によれば、世間だ。無努力によれば、彼方だ。
努力によっては、あなたはけっしてニルヴァーナ（涅槃）に到達できない。
ニューデリーには到達できても、ニルヴァーナには到達できない。
努力によって、あなたは世間的なことを達成できる。
努力しなければ、いいかな、そのようなことは達成できない。
だからもっと富を手に入れたかったら、私の言うことなど聞かないほうがいい。
なぜなら、そうでないと、あなたは私にひどく腹を立てることになるからだ。

この男は私の一生をだいなしにしてしまった、と。
「『努力するのをやめれば、多くのことが可能になる』と彼は言っていた。だから私は坐って待っているのだが、金はいっこうに入ってこない。ひとりも『どうぞこちらへ来て、わが国の大統領になってください』と頼みに来る人はいない」

だれもやって来ない。
そのような愚かしいことは努力によって達成される。
大統領になりたければ、あなたは狂ったように努力するしかない。
完全に狂わなければ、一国の大統領にはなれない。
あなたは他の競争相手より、いいかな、もっと狂わないといけない。
なぜなら、あなたひとりではないからだ。
激しい競争がある。
他の大勢の者たちも努力している。
実際に、だれもが同じ地位を目指している。
多くの努力が必要だ。
紳士的にやろうとしてはいけない。
そうでないとあなたは負けてしまう。
そこでは紳士的なやり方など必要ない。
傲慢に、粗暴に、攻撃的になることだ。
自分が他人になにをしているかなど気にするな。
自分の計画にしがみつけ。
他人があなたの権力政治のために命を落とすなら、命を落とせばいい。
みんなを梯子に、踏み台にしろ。
人びとの頭を踏んづけて歩いていけ。
そうして初めてあなたは大統領や首相になれる。
ほかに道はない。

世間のやり方は暴力と意志に基づいている。
その意志をくつろがせたら、あなたははじき出される。
だれかがあなたに襲いかかる。
あなたは手段として利用される。
世間のやり方で成功したければ、パタンジャリのような人たちに耳を傾けてはいけない。
それならマキアヴェリやチャーナクヤの本を読みなさい——
ずる賢い、世界一狡猾な人たち。
いかにして他人を利用し、他人には利用されないか、いかにして情け容赦なく、無慈悲に、暴力的になるか、彼らはあなたに助言してくれる。
そうやって初めて、あなたは権力、地位、金、世間的なものへと到達できる。
しかし、彼方のものに達したかったら、そのまさに反対のものが必要だ——努力しないことが。
無努力が必要になる、くつろぎが必要になる。
それがよく起こった。
私には政治の世界、金や経済の世界の友人がたくさんいる。
彼らは私のところへ来て言う、
「くつろぎ方を教えてください。私はくつろげないんです」
ある大臣がよく私のもとを訪ねてきたが、彼はいつも同じ問題を持ってきた。
「私はくつろげないんです。なんとかなりませんか」
私は彼に言った、
「本当にくつろぎたいなら、政治から身を退くことだね。この大臣の仕事はくつろぎとは両立しない。くつろいだら、あなたの負けだ。だから自分で決めなさい。私はいかにくつろぐかなら教えられるが、そのときになって怒らないことだ。
というのも、この二つのものは両立しないからだ。先に政治と手を切りなさい。それから私のところに来るがいい」
彼は言った、
「それはできません。私がくつろぎ方を教わりにきたのは、人一倍努力して首相になりたいからです。精神的な緊張と絶えざる心労のために、私は人以上に努力できないのです。ところが他の者たちは目いっぱいやっています。彼らは手ごわい競争相手で、私は不利な闘いを強いられています。私は政治から身を退きたくて、あなたのところにやって来たのではありません」
それで私は言った、
「それなら、お願いだから、もう来ないでくれ。私のことは忘れなさい。政治をやって、とことん疲れ、飽き、嫌になりなさい。それから私のところに来るがいい」
くつろぎはまったく異なる次元、正反対のものだ。
人は世間では意志を通じて活動している。
ニーチェは『権力への意志』という本を書いた。
『権力への意志』、それが読むべき教典だ。
パタンジャリは「権力への意志」とはかかわっていない。
全体への明け渡しとかかわっている。
最初のそれは、プラヤントナ・シャイティリヤ、無努力だ。
とにかく快適に感じるようにすることだ。
そのことであまり努力をしないことだ。
感覚にその仕事を委ねるがいい。
意志を持ち込んではいけない。
自分をむりやり快適にできるだろうか？
そんなことはできない。

快適が起こるのを許したら、あなたは快適になる。
それを強いることはできない。
愛を強いることができるだろうか？
ある人を愛していないなら、あなたはその人を愛してはいない。
なにができる？
愛そうとし、そのふりをし、自分を強いることはできるが、その正反対の結果に終わる。
ある人を愛そうとしたら、彼をもっと嫌いになる。
ありうる唯一の結果は、その努力のあと、あなたはその人が嫌いになり、復讐したくなるということだ。
あなたは言う、
「あいつはなんてひどいやつなんだ。そうじゃないか、こんなに愛そうとしてるのに、なんにも起こらないんだから」
あなたはその人のせいにする。
あなたはその人に後ろめたさを感じさせる。
まるで彼がなにかをしたかのように。
彼はなにもしていない。
意志によって愛することなどできない。
意志によって祈ることなどできない。
意志によって坐法をすることなどできない。
あなたは感じないといけない。
感受性は意志とはまったく別のものだ。
ブッダは意志によってブッダになったのではない。
彼は6年間に渡って意志による努力を重ねてきた。
彼は世俗の人で、王子としてしつけられ、王になるべくして育てられた。
彼はチャーナクヤの言ったすべてのことを叩き込まれたに違いない。

チャーナクヤはインドのマキアヴェリだ。
そしてマキアヴェリすらいくらかしのぐほど狡猾だ。
というのも、インド人には根本を究めたがる心性があるからだ。
ブッダになるなら、彼らは徹底的にブッダになる。
彼らがチャーナクヤになったら、とても太刀打ちなどできない。
彼らはどこへ向かうにしても、その根本を究めようとする。
チャーナクヤの前では、マキアヴェリでさえいくらか子供っぽく見える。
チャーナクヤは完全無欠だ。
ブッダは教え込まれたに違いない。
王子だったら教え込まれるしかない。
マキアヴェリのその有名な本の名前は『君主論（The Prince）』だ。
ブッダはあらゆる世間的なやり方を教え込まれただろう。
彼はいずれ世間の人びとと格闘することになっていた。
彼は自分の権力にしがみつかねばならなかった。
ところが、彼はそれを捨ててしまった！
だが、王宮を捨てるのはたやすい。
王国を捨てるのはたやすい。
心の受けた訓練を捨てるのは困難だ。
６年間、彼は意志によって光明を得ようと努力した。
彼は人間に可能なすべてのこと、さらには人間に可能ではないことまでやった。
彼はありとあらゆることをやった。
彼がやらないことはなかった。
なにも起こらなかった。
やればやるほど、いっそう先は遠いように感じられた。
実際、意志を働かせ、それによって努力すればするほどほど、自分には見込みがないと感じた。
「光明、超越なんてありはしない」
なにも起こっていなかった。
こうしてある日の夕方、彼は諦めた。
まさにその夜に、彼は光明を得た。
まさにその夜、プラヤントナ・シャイティリヤ、「努力をくつろがせること」が起こった。
彼は意志力によってブッダになったのではなかった。
明け渡したとき、諦めたときにブッダになった。
私はあなた方に瞑想を教えている。
そして「限界まで努力しなさい」と言ってやまない。
だが、いつも覚えておくこと。
こうやって全面的な努力を強調するのは、それによって、あなたの意志が破綻してしまうから、あなたの意志が尽きてしまうから、意志の夢が破れてしまうからだ。
あなたは意志にうんざりし、ある日、完全に投げ出す。
まさにその日、あなたは光明を得る。
だが、急いではいけない。
なぜなら、あなたは努力もしないで、
たったいま投げ出してしまうかもしれないからだ。
だが、それではなんにもならない。
それはカンニングのようなものだ。
実在に狡猾な方法では勝てない。
あなたは純真そのものでないといけない。
大事なことは起こるしかない。
これらは定義にすぎない。
パタンジャリは「これをせよ！」と言っているのではない。

彼は進むべき道を明かしているにすぎない。
そのことを理解したら、その影響があなたに、あなたの生き方に、あなたの存在に及びはじめる。
それを吸収しなさい。
それを自分のなかに深くしみ込ませなさい。
それを血とともに流れさせなさい。
あなたの心髄そのものにしなさい。
それだけでいい。
パタンジャリのことは忘れなさい。
これらの経文は頭に詰め込むべきものではない。
それはあなたの記憶の一部になるべきではない。
それはあなたの一部になるべきだ。
あなたの全存在がその理解を宿すべきだ。
それだけだ。
あとはそのことは忘れてしまいなさい。
それが機能しはじめる。

坐法を極めるには、努力をくつろがせ、無限なるものに瞑想する。

二つのポイントがある。
努力をくつろがせること。
それを強いるのではなく、それが起こるのを許すこと。
それは眠りに似ている――それが起こるのを許す。
それは深い手放し《レットゴー》だ――それが起こるのを許す。
それを無理強いしないこと。
そうでないと、あなたはそれを殺してしまう。
そして第二に、体がみずからに快適さを許し、深い休息に安らぐのを許しているとき、あなたの心は無限なるものへと焦点を合わせていなければならない。
心《マインド》は有限のことに関してはとても賢い。
金について考えるとき、心は賢い。
権力と政治について考えるとき、心は賢い。
言葉、哲学、制度、信念について考えるとき、心は賢い。
こういったすべては有限のものだ。
あなたが神について考えるとき、突然、そこに真空が生じる。
神についてなにを考えられるのか？
考えられるなら、それはもはや神ではない。
それは有限のものになってしまった。
神をクリシュナとして考えられるなら、それはもはや神ではない。
クリシュナはそのとき、そこに立って、笛を吹いているかもしれないが、そこには有限性がある。
神をキリストとして考えたら、お終いだ！
神はもはやそこにはいない。
あなたはそれから有限の存在をつくった。
確かに美しいが、無限なるものの美しさとは比べ物にならない。
二種類の神がある。
ひとつは信仰の神だ。
キリスト教の神、ヒンドゥー教の神、イスラム教の神。
もうひとつは信仰ではなく、実在する神だ。
それは限りがない、それは神性そのものだ。
イスラム教の神について考えるなら、あなたはイスラム教徒ではあっても宗教的な人ではない。
キリスト教の神について考えるなら、あなたはキリスト教徒ではあっても宗教的な人ではない。

心をただ神性へと向けるなら、あなたは宗教的だ。
もはやヒンドゥー教徒ではなく、イスラム教徒ではなく、キリスト教徒でもない。
そしてこの神性は概念ではない！
概念はあなたの心がもてあそぶ玩具だ。
実在する神は広大そのものだ。
神性があなたの心をもてあそぶのであって、あなたの心が神をもてあそぶのではない。
そのとき、神はもはやあなたの手のなかの玩具ではない。
あなたが神の手のなかの玩具だ。
あらゆるものが完全に様変わりする。
あなたはもはや状況を支配していない。
あなたはもはや支配していない。
神性があなたをわが物としている。
正確な言い方は「占有している」だ——
無限なるものに占有されている。
もはやそれはあなたの心の目の前に置かれた一枚の絵ではない。
いいや、そこに絵はない。
限りない虚空……
その広大な虚空のなかへ、あなたは溶け込んでいく。
神の定義が失われるだけでなく、すべての境界が失われてしまう。
無限なるものに触れると、あなたは自分の境界を失いはじめる。
あなたの境界は曖昧になり、あなたの境界はますます確かさを失い、移ろいやすくなる。
あなたは煙のように空中へと消えていく。
あなたが自分自身を見る瞬間がやって来る……
あなたはそこにいない。

だから、パタンジャリは二つのことを言う——
無努力、そして無限なるものに焦点を合わせた意識。
あなたはそうやってアーサナを達成する。
そしてこれは始まりにすぎない。
これは体だけのことだ。
人はさらに深く入っていかねばならない。

坐法を極めると、二元対立に起因する障害がなくなる。

体が快適そのもので、安らいでいるとき……
肉体の炎は揺らいでいない。
それは安定したものになり、いっさい動きがない……
不意に、時間が止まったかのように、風は止み、
なにもかも静かで穏やかで、体に動こうとする衝動はない。
落ち着いて、深く安定し、
穏やかで、静かで、ゆったりとしている——
この状態のなかで、二元性とそれに起因する障害が消える。
これを観察したことはないだろうか？
心が乱れているときはいつも、あなたの体は普段よりも落ち着かない。静かに坐っていられない。
また体に落ち着きがないときはいつも、心は静かになることができない。
それらは連動している。
パタンジャリはよく知っている——
体と心は二つのものではないことを。
あなたは体と心に二分されていない。
体と心はひとつだ。

あなたは精神身体的《サイコソマティック》だ。
あなたは「身心（bodymind）」だ。
体は心の始まりにすぎず、心は体の終わりにほかならない。
両者はひとつの現象の二つの局面だ。
それは二つのものではない。
だから体に起こることはつねに心にも影響が及び、心に起こることはつねに体にも影響が及ぶ。
それらは並行している。
体がこのように重視されるのはそのためだ。
なぜなら、体が深く安らいでいないと、あなたの心も安らぐことができないからだ。
そして体はいちばん外側の層だから、それから始めるのが簡単だ。
心から始めるのは難しい。
多くの人が心から始めようとして失敗する。
なぜなら、体が協力してくれないからだ。
ＡＢＣから始めて、正しい順序で、ゆっくりと進んでいくことが、つねに最善のやり方だ。
体が最初、始まりだ。人は体から始めるべきだ。
体の落ち着きを達成できたら、突然、あなたは心が安定したことに気がつく。
心は古い掛け時計の振り子のように右へ左へと動いている。
絶え間なく、右から左へ……左から右へと。
振り子を観察したら、心についてあることがわかる。
振り子が左へ動いているとき、見た目には左へと動いているが、目に見えないところで、それは右へと向かう運動量をたくわえている。
見た目には振り子が左へと動いているとき、その左へと向かう動きそのものが、振り子が再び右へと動いていく勢いを、エネルギーをつくりだしている。
それが右へと向かうときには、また左へと向かうエネルギーをつくりだし、そのエネルギーをたくわえている。

だから愛しているときはいつも、あなたは嫌いになるエネルギーをたくわえている。
嫌いになっているときはいつも、あなたは愛するエネルギーをたくわえている。
幸せなときはいつも、あなたは不幸せになるエネルギーをたくわえている。
不幸せなときはいつも、あなたは幸せになるエネルギーをたくわえている。
こうして運動が続いていく。
これがあなたの心の実態であり、絶えず一方の極端からもう一方の極端へと動いている——左派、右派、左派、右派、けっして真ん中にいない。
そして真ん中にいることが本当に在ることだ。
いずれの極端も快適ではないから大きな負担になる。
真ん中が快適なのは、真ん中では重さがなくなるからだ。
ちょうど真ん中で、あなたには重さがなくなる。
左へ動くと、重さが生じる。
右へ動いても、重さが生じる。
そしてもっと動いていくと……。
真ん中から離れれば離れるほど、いっそう多くの負担があなたにかかってくる。
真ん中にいなさい。
宗教的な人は左派でもなく右派でもない。

宗教的な人は極端なものに従わない。
彼は極端に走らない。
そしてあなたが、あなたの体と心の両方がちょうど真ん中にあるとき、すべての二元性が消える。
二元性が存在するのは、あなたが二つになっているから、いつもあちらかこちらに片寄っているからだ。

坐法を極めると、二元対立に起因する障害がなくなる。

そして二元性がなかったら、どうして緊張できるだろう？
どうして苦悩できるだろう？　どうして葛藤できるだろう？
あなたのなかに二つのものがあるとき、そこには葛藤がある。
それらは争いつづけ、あなたをけっして休ませはしない。
あなたの家庭は分裂している。
あなたはつねに内戦状態にある。
あなたは熱に浮かされたように生きている。
この二元性が消えたとき、あなたは静かになり、落ち着き、真ん中にいる。
ブッダはみずからの道をマッジム・ニカーヤ、「中道」と呼んだ。
彼は弟子たちによくこう言った、
「唯一従うべきはこれだ――つねに真ん中にとどまりなさい。
極端に走ってはいけない」
世の中にはどこにでも極端な人たちがいるものだ。
ある人は朝から晩まで女性を追いかけている。
ロメオやカサノヴァのような人はいつも女性を追いかけている。
そしてやがて追いかけることにうんざりする。
すると彼は世間から身を退く。そしてサニヤシンになる。

そして女性の悪口を触れまわるようになり、
「女は地獄だ。用心しろ！　女は罠だ」と言いつづける。
女性を悪く言うサニヤシンに出会ったら、彼はかつてロメオだったと思って間違いない。
女性についてなにか言っているのではない。
自分の過去についてなにか言っている。
今やひとつの極端が終わった。
彼はもうひとつの極端に走った。
ある人は狂ったように金を追い求めている。
実際、多くの人が狂い、取りつかれている。
人生の目的は札束を積み上げることにあるかのように。
それが彼らがここにいる唯一の理由であるようだ——死ぬときに札束の山を、他人より大きな札束の山を残していくことが。
それが彼らの唯一の存在意義であるようだ。
このような人が挫折すると、「金は敵だ」と言って回るようになる。
金は敵だと説く人に出会ったら、その人は金に狂っていたのだと考えてかまわない。
彼は今でも狂っている——反対の極端で。
本当にバランスのとれた人はなにものにも対立しない。
なぜなら、彼はなにものにも賛成しないからだ。
あなたが私のところへやって来て、「金は良くないものですか？」と尋ねたら、私は肩をすくめるしかない。
私はそれに反対しないから、それに賛成もしない。
金は実用的なもの、交換の手段だ。
賛否はともかく、そのことで狂う必要はない。
持っていたら使えばいい。
持っていなかったら、持っていないことを楽しめばいい。

持っていたら、それを使うがいい。
持っていなかったら、その状態を楽しめばいい。
わかっている人はたんにそうする。
宮殿に住んでいたら、彼は楽しむ。
宮殿がなかったら、彼は小屋を楽しむ。
いずれの場合でも、彼は幸せであり、バランスがとれている。
彼は宮殿に賛成もしないし反対もしない。
賛成や反対をする人は片寄っている。
その人はバランスがとれていない。
ブッダは弟子たちによく言った、
「バランスさえとれたら、ほかのすべてがおのずと可能になる。
中道にとどまりなさい」
そしてパタンジャリが坐法について語るとき、彼が言っているのはそのことだ。
外側の坐法は体のためにある、内側の坐法は心のためにある。
それらはつながっている。
体が真ん中にあり、落ち着き、安定していると、
心もまた真ん中にあり、落ち着き、安定している。
体が安らいでいると、体の感覚が消える。
心が安らいでいると、心の感覚が消える。
そのとき、あなたはただ魂、超越したものとなり、
それは体ではなく心でもない。

坐法の完成に続く、次の段階は調気であり、これは吸気や呼気をこらえ、また息を急に止めることにより達成される。

体と心のあいだでは呼吸が橋になる。

この三つが理解されなければならない。
坐法、無限なるものに溶け込む心、それらをつなぐ橋。
そのすべてが正しいリズムにならないといけない。
観察したことはあるだろうか？
ないなら、観察してみなさい。
自分の心が変化すると、必ず呼吸も変わることを。
その逆もまたしかり。
呼吸を変えると、心も変わる。
性欲に深くとらわれているとき、自分がどんな呼吸をしているか、意識したことはあるだろうか？
リズムが完全に乱れ、荒々しく、激しくなる。
そんなふうに呼吸をしつづけたら、あなたはじきに疲れて、消耗してしまう。
それはあなたに活力を与えはしない。
じつのところ、それによってあなたはいくらか活力を失う。
あなたが静かで、穏やかで、幸せを感じているとき、朝か夜に、ふと星を見上げて、なにもすることがなく、休日であり、ただ休んでいるとき――
見なさい、呼吸を見守りなさい。
呼吸はとても安らかなので、息をしているかどうかさえ感じられない。
あなたが怒っているとき、見守りなさい。
呼吸がすぐに変わってしまう。
愛を感じているとき、見守りなさい。
悲しいとき、見守りなさい。
それぞれの気分によって、呼吸は違ったリズムになる。
それは橋だ。

あなたの体が健康なとき、呼吸は違った質を持つ。
あなたの体が病気のとき、呼吸も変調をきたす。
あなたが健康そのもののとき、呼吸のことなどすっかり忘れてしまう。
健康そのものではないとき、何度も呼吸のことが気になる。
なにかがおかしい。

坐法の完成に続く、次の段階は調気 (breath control) であり……

「呼吸の制御 (breath control)」という言い方はよくない。
それはプラーナヤーマという言葉の正確な訳語ではない。
プラーナヤーマはけっして呼吸の制御という意味ではない。
それは生命エネルギーの拡大を意味しているだけだ。
プラーナ・アーヤーマ。
プラーナとは呼吸に隠れている生命エネルギー、
アーヤーマとは無限の拡大を意味する。
「呼吸の制御」ではない。
「制御《コントロール》」という言葉そのものが少し醜い。
それは制御する人を連想させる。
意志が入り込む。
プラーナヤーマはそれとはまったく違う。
それは生命力の拡大、全体の呼吸とひとつになるように呼吸をすることだ。自分の個人的なやり方で呼吸するのではなく、全体といっしょになって呼吸をすること。
これを試してみなさい。
ときにそれが起きる——二人の恋人が身を寄せ合い、手を握り合って坐っている。
本当に愛し合っていたら、彼らはふと気がつく。

自分たちが同時に呼吸し、いっしょに呼吸をしていることに。
彼らは別々に呼吸していない。
女性が息を吸うと、男性も息を吸う。
男性が息を吐くと、女性も息を吐く。
試してみなさい。
ときに、ふと気がつく——友人と座っていると、あなたたちはいっしょに呼吸をしている。
敵がそこに座っていて、その人から逃れたかったら、または退屈な人がそこにいて、その人から逃れたかったら、あなた方は別々の呼吸をしている。
同じリズムで呼吸をしてはいない。
木のそばに坐ってみなさい。
あなたが静かで、朗らかで、喜びに満ちていたら、あなたはふと気がつく。
なぜだか知らないが、その木も、あなたの呼吸に合わせて呼吸をしている。
そして全体といっしょに呼吸をしていると感じる瞬間がやって来る。
人は全体の呼吸になる。
人はもはや闘っていない、争っていない。
人は明け渡している。
人は全体とともにある。
ともにあるから、別々に呼吸しなくてもいい。
深い愛のなかで、人びとはいっしょに呼吸をする——
憎しみのなかでは、そうはいかない。
これは私の感じだが、あなたがだれかに敵意を持っていたら、その人は何千マイルも離れたところにいる。これは感覚にすぎない、それを証明する科学的研究はないが、いずれそのような科学的研究が可能になるだろう。
私にはとても深い感じがある――あなたがだれかに敵意を抱いていたら、彼がアメリカにいて、あなたがインドにいても、あなた方は別々に呼吸をし、いっしょに呼吸をしてはいない。
そして恋人が中国にいて、あなたは別の大陸にいるとしても、恋人がいる場所の住所さえ知らなくても、あなた方はいっしょに呼吸をしている。これはそうであってしかるべきだし、そうであるに違いないが、まだ科学的に証明されてはいない。だからこれは私の感じにすぎないと言う。
いずれだれかが科学的な側面からも証明してくれるだろう。
それを示唆するいくつかの証拠がある。
例えば、ロシアではテレパシーについていくつかの実験が行われた。
その実験では、二人の人が、遠く、何百マイルも離れて、一方の人が送信者になり、もう一方の人が受信者になる。
決められた時刻に、例えば午後12時に、一方がメッセージを送りはじめる。
例えば、彼は三角形を描き、それに集中し、「三角形を描いた」というメッセージを送る。
すると相手は受信を試み、心を開いたまま、感じ、探る――
どんなメッセージが送られてくるか？
そして科学者の観察によると、彼が三角形を受信したときには、二人の人は同じように呼吸をしている。
三角形を逃したときには、彼らは同じように呼吸をしていない。
いっしょに深い呼吸をしていると、なんらかの深い共感が起こる。
あなた方はひとつになる。
なぜなら、呼吸は生命だからだ。

すると感情が伝えられ、思考が伝えられる。
聖者に会いに行ったら、彼の呼吸をよく見守っていなさい。
そして彼に共感を覚えたら、深い愛を感じたら、
自分の呼吸もまた見守りなさい。
あなたはふと感じるだろう。
彼に近づけば近づくほど、自分の感覚と呼吸が彼の呼吸に合ってくる。意識していようといまいと、そのことは関係ない。
いずれにしても、それが起きる。
共感していると、あなたたちはいっしょに呼吸をする。
それはひとりでに起きる。
なにか未知の法則が働いている。
プラーナヤーマとは全体といっしょに呼吸をすることだ。
それが私の翻訳だ——「呼吸の制御」ではなく、全体とともに呼吸をすること。
それはこれっぽっちも制御《コントロール》されていない！　制御したら、どうして全体といっしょに呼吸できるだろう？　だからプラーナヤーマを「呼吸の制御」と翻訳するのは間違いだ。
それはたんに不正確、不適切なだけでなく、明らかに間違いだ。
まったくその逆なのだから。
全体とともに呼吸をすること、永遠の、全体の呼吸になること、
それがプラーナヤーマだ。
そのとき、あなたは拡大していく。
そのとき、あなたの生命エネルギーは木々や山々や大空や星々とともに拡大していく。
そしてある瞬間がやって来る、あなたがブッダになる日が……。
あなたはすっかり消えてなくなる。
今やあなたはもはや呼吸をしていない。

全体があなたに息を吹き込んでいる。
今やあなたの呼吸と全体の呼吸は別々ではない。
それはいつもいっしょだ。
あまりに合っているので、「これは私の呼吸だ」と言うことすら今ではむなしい。

坐法の完成に続く、次の段階は調気、プラーナヤーマであり、これは吸気や呼気をこらえ、また息を急に止めることにより達成される。

息を吸うとき、息を吸いきってしまう瞬間がやって来る。
何秒間か息が止まる。
同じことが息を吐くときにも起こる。
息を吐くとき、息を吐ききったとき、
やはり何秒間か息が止まる。
このような瞬間、あなたは死に対面する。
そして死に対面することは永遠なるものに対面することだ。
くり返そう、死に対面することは永遠なるものに対面することだ。
なぜなら、あなたが死ぬとき、永遠なるものがあなたのなかで生きるからだ。
磔のあとに初めて復活が起きる。
だから私は言う、パタンジャリはいかに死ぬかを教えている、と。
呼吸が止まるとき、呼吸がなくなるとき、
あなたは死ぬときに入るのとまったく同じ状態へと入る。
数秒間、あなたは死と同調する――
呼吸が止まっている。
『秘法の書――ヴィギャン・バイラヴァ・タントラ』の全巻はそれとかかわっている。

ひたすらそれとかかわっている。
というのも、この停止に入ることができたら、
そこで扉が開くからだ。
それはとても捉えがたく、そして狭い。
イエスはくり返し言った、
「私の道は狭い、まっすぐだが狭い、とても狭い」
カビールは言った、
「二人はいっしょに通れない、一人しか」
とても狭いので、内側に群衆がいると、あなたは通れない。
右と左、二つに分かれているだけで、あなたは通れない。
ひとつになると、ユニゾンに、ハーモニーになると、あなたは通っていける。
その道は狭い。
まっすぐだ、もちろん。
曲がりくねってはいない。
一直線に神の寺院へと向かうが、ただとても狭い。
あなたはだれかをいっしょに連れて行けない。
あなたは知識を持っていけない。
供え物を持っていけない。
愛する女性、男性、子供たちを連れて行けない。
だれも連れて行けない。
じつのところ、あなたの自我すら、あなたの自己すら持っていけない。
あなたはそれを通っていくが、自分の純粋な存在以外のすべてのものを、その扉のところへ置いていかなければならない。
そう、その道は狭い。
まっすぐだが狭い。
そしてこれがその道を見つける瞬間だ。

息が入って止まった数秒間、息が出て止まった数秒間、これらの停止、これらの透き間にもっともっと気づくことができるように、あなた自身を同調させなさい。
これらの透き間を通って、永遠なるものが、死のように、あなたのなかへと入ってくる。
だれかが私にこんなことを言った、
「西洋には死神ヤーマに相当するものがありません」
彼は私に尋ねた、
「あなたはなぜ死を神と呼ぶのですか？　死は敵です。なぜ死が神と呼ばれるのですか？　死を悪魔と呼ぶならわかりますが、なぜそれを神と呼ぶのでしょうか？」
私たちはそれを確かな理由があって神と呼んでいる、と私は言った。
それは死は神への扉であるからだ。
じつのところ、死はあなたが知っている生よりも深い。
私が知っている生ではない。
だが、あなたの死はあなたの生よりも深い。
そしてその死を通り抜けると、あなたは生と出会うが、その生はあなたにも私にもだれにも属していない。
それは全体の生であり、そして死はその神だ。
一巻のウパニシャッド、『カタ・ウパニシャッド』がある。
幼い子供が死の秘密を学ぶために死神のもとへと送られる、というのがその物語のすべて、その寓話のすべてだ。
ばかげている、まったくばかげている。
どうして生の秘密を学ぶために死神のもとを訪ねるのか？
それは矛盾しているように見えるが、それが現実だ。
生を、本当の生を知りたかったら、あなたは死神に尋ねるしかない。
というのも、あなたのいわゆる生が止まるとき、そのとき初めて本当の生が働くからだ。

坐法の完成に続く、次の段階はプラーナヤーマであり、これは息をこらえることにより達成される。

だから、息を吸ったとき、その入口を感じられるように、少し長くそれをとどめなさい。
息を吐いたら、その透き間をもう少し容易に感じられるように、少し長く息を吐いたままでいなさい。
もう少しその時間ができる。

また息を急に止めることにより……

あるいは、いつでもいいから、急に息を止めなさい。
道を歩いているとき、息を止めなさい。
急にぴたっと止めると、死が入ってくる。
いつでもいい、どこでもいい、急に息を止めなさい。
その停止のなかへ、死が入ってくる。

調気の長さと回数は時間と空間によって決まり、それはより長く微細なものになる。

このような停止、このような中断をやればやるほど、入口はだんだん徐々に広くなっていき、あなたはもっとそれを感じられるようになる。
やってみなさい。それを生活のなかに取り入れなさい。
なにもしていないとき、息が入ってきたら……それを止める。
それを感じなさい。

どこかに扉がある。
そこは暗いので、あなたは手探りしなければならない。
その扉はすぐには突き止められない。
手探りしないといけないが、見つけることはできる。
そしていつであれ息を止めると、思考がただちに止まる。
やってみなさい。
急に息を止めると、たちまち断絶が生じ、思考が止まる。
なぜなら、思考と呼吸のどちらも生に、このいわゆる生に属しているからだ。
もっと別の生、超越的な生では、呼吸は必要とされない。
あなたは生きているが、呼吸をしなくてもいい。
そして思考もいらない。
あなたは生きているが、思考はいらない。
思考と呼吸は物質世界のものだ。
無思考と無呼吸は、永遠の世界のものだ。

調気には他の三つを超えた、内在的な、第四の領域がある。

パタンジャリは言う——
この三つ、内側での停止、外側での停止、突然の停止があり、
さらに第四のもの、内在するものがある。
ブッダはこの第四をとても重要視した。
彼はそれをアナパーナサティ・ヨーガと呼んだ。
彼は言う、
「どこかで止めようとしてはいけない。
呼吸のプロセス全体を見守りなさい」
息が入ってくる。

あなたは見守り、細かいところまで見逃さない。
息が入ってくる。
あなたは見守りつづける。
やがて停止にいたる。
息が入りきると自動的に止まる。
その停止を見守りなさい。
なにもしないで、ただ見守っていなさい。
やがて息は外側の旅に出ていく。
見守っていなさい。
息が完全に出てしまうと、それは止まる。
その停止もやはり見守りなさい。
また息が入ってきて、出ていき、入ってきて、出ていく。
あなたは見守っている。
これが第四だ——見守っているだけで、あなたは呼吸から切り離される。
呼吸から切り離されると、あなたは思考から切り離される。
じつのところ、体のなかの呼吸は、心のなかの思考と平行したプロセスだ。
思考は心のなかを動き、呼吸は体のなかを動く。
それらは平行力であり、一枚のコインの裏表だ。
パタンジャリもそれについて言及しているが､彼は第四を重視しなかった。
彼はそれについて言及しているだけだが、ブッダは第四にすべての注意を傾け、全面的に着目した。
彼は他の三つについてなにも語らない。
仏教の瞑想はすべて第四のものだ。

プラーナヤーマ、観照には他の三つを超えた、内在的な、第四の領域がある。

だが、パタンジャリはまったくもって科学的だ。
彼が第四を使うことはないが、それは三つのものを超えていると言う。
パタンジャリにはきっと、ブッダが擁したようなすばらしい弟子たちの集団がいなかったのだろう。
パタンジャリは、もっと体指向の人たちと活動していたに違いない。
そしてブッダは、もっと心指向の人たちと活動していた。
パタンジャリは、彼自身がそれを使うことはないが、第四は三つのものを超えていると言う。
彼はヨーガに関して言いうるすべてのことを言い尽くそうとしている。
彼はアルファにしてオメガ、最初にして最後だ。
彼はただひとつのポイントも見逃さない。
パタンジャリのヨーガスートラは改良の余地がない。
自分ひとりで科学の体系を構築した人は世界に２人しかいない。
ひとりは西洋のアリストテレス、彼は論理学をつくり上げた。
ひとりで、だれの助けも借りずに。
そしてこの２千年間、なにひとつ改良されていない。
それは変わっていない。完璧なままだ。
もうひとりはパタンジャリだが、彼は論理学より何倍も、何百万倍も優れた、ヨーガの科学をひとりでつくり上げた。
それは改良できなかった。
それは改良されたことがなく、私も改良すべき点をひとつも見つけられない。
そこには科学の体系があり、完璧で、非の打ち所がない。

Chapter 6

高速車線のヨーガ
［質疑応答］

Yoga in the Fast Lane

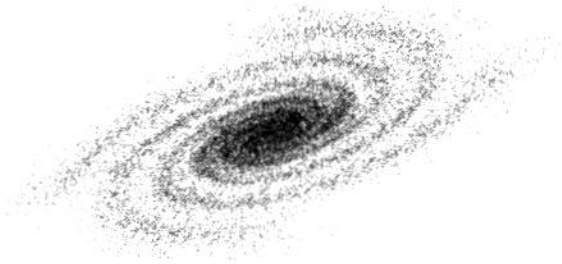

最初の質問

**　脳細胞の記録を眺めているだけで、観照しているだけで、どうして思考プロセスの源泉が消えてなくなるのか、説明していただけませんか。**

それか消えてなくなることはないが、観照するだけで、その同化が壊れる。
ブッダは光明を得たのち40年間も体のなかに生きた。
体は消えてなくならなかった。
彼は40年間、自分になにが起こったのか、どうしたら同じことが起こりうるのか、人びとに語り、説明し、彼らに理解させた。
彼は心を使っていた。
心は消えてなくならなかった。
そして12年後に生まれ故郷に戻ったとき、彼は父がわかったし、妻がわかったし、息子がわかった。
心はあった。記憶はあった。
それがなければ見分けることができない。
心そのものが消えてなくなったのではなかった。
心の止滅という言葉で、私たちが言っているのは、あなたの同化が壊れるということだ。
今ならあなたにもわかる――
これが心で、これが「私（I am）」だと。
その橋が壊れる。
今では心が主人ではない。
それはただの道具になった。
それは正しい地位に納まったので、いつでも必要なときに、あなたはそれを使うことができる。

それは扇風機のようなものだ。
それを使いたいとき、スイッチを入れると、羽根が回りはじめる。
たった今、あなたが扇風機を使っていなければ、それは動いていないが、扇風機そのものはある。
消えてなくなったのではない。
いつでもそれを使うことができる。
消えてしまったのではない。
観照していると、同化が消える——心ではなく。
だが、同化が消えるのに伴って、あなたはまったく新たな存在になる。
あなたは今や初めて自分の本当の現象を、自分の本当のリアリティを知った。
あなたは今や初めて自分がだれなのかを知った。
今では心はあなたの周囲のメカニズムの一部にすぎない。
例えば、あなたはパイロットで、飛行機を操縦している。
あなたはたくさんの計器を使う。
あなたの目はたくさんの計器の上を行ったり来たりし、絶えずあれやこれに気を配っている。
だが、あなたは計器ではない。
この心、この体、そして心身の多くの機能は、あなたのまわりにあるもの、メカニズムにすぎない。
このメカニズムのなかで、あなたは二つの在り方ができる。
ひとつの在り方では、自分自身を忘れ、自分をメカニズムのように感じる。
これが束縛だ、これが惨めさだ。
これが世間、これがサンサーラだ。
もうひとつの働き方はこれ——自分は分かれている、自分は別のものだと気づくようになる。
そのときには、あなたはメカニズムを使いつづけるが、
今では大きな違いがある。
今やメカニズムはあなたではない。
メカニズムになにか不具合が生じたら、あなたはそれを直そうとするが、あなたには混乱が及ばない。
たとえメカニズムのすべてが消えてしまっても、あなたには混乱が及ばない。
死にゆくブッダと死にゆくあなた、それは二つの異なった現象だ。
死にゆくブッダはメカニズムが死ぬだけだと知っている。
それは使われてきて、今では必要がなくなった。
重荷は降ろされている。
彼は自由になっていく。
今や彼は形を持たずに進んでいく。
だが、死にゆくあなたはまったく違う。
あなたは苦しんでいる、あなたは嘆き悲しんでいる。
というのも、あなたはメカニズムではなく、自分が死んでいくように感じているからだ。
それはあなたの死だ。
そのとき、それは強烈な苦しみとなる。
どんなに観照しても、心はなくならないし、脳細胞はなくならない。
むしろ、葛藤が減り、エネルギーが増えるので、それはもっと生き生きとしてくる。
もっと活発になり、あなたはそれをもっと正確に使えるようになる。
だが、それはあなたの負担にはならないし、あなたになんらかの行為を強いることもない。
それはあなたをあちらこちらへと引き回さない。

あなたが主人だ。
だが、観照するだけで、どうしてそれが起きるのか？
というのも、それが生じたのは、束縛が生じたのは、観照していなかったからだ。
束縛が生じたのは、あなたに注意力が足りなかったからだ。
だから、あなたが注意深くなると、束縛が消える。
束縛とはたんに気づきのなさだ。
なにをするときでも、もっと注意深くなるだけだ、ほかにはなにもいらない。
あなたはそこに坐って私の言葉を聞いている。
あなたは気づきとともに聞くこともできるし、気づきなしで聞くこともできる。
気づきがなくても聞いてはいるが、それは違ったものになる。
質が違ったものになる。
そのとき、あなたの耳が聞いていても、あなたの心はどこかほかで働いている。
それでもなお、いくつかの言葉があなたのなかへと入り込むが、それらはごちゃ混ぜになって、あなたの心はそれを自分勝手に解釈してしまう。
そしてそれに自分勝手な考えを付け加える。
すべてがごちゃごちゃになって混乱してしまう。
あなたは聞くには聞くが、多くのことが無視され、多くのことをあなたは聞いていない。あなたは選ぶ。
するとあらゆることが歪曲されてしまう。
あなたが注意深ければ、注意深くなった瞬間、思考が消える。
注意深さがあれば考えることはできない。
エネルギーのすべてが注意深くなる。

思考に動いていくエネルギーなど残っていない。
一瞬でも注意深いときには、あなたはじっと聞いている。
そこには障壁がない。
あなたの言葉が混じることはない。
あなたは解釈しなくてもいい。
影響《インパクト》がじかにやって来る。
注意深く耳を傾けることができたら、私の言っていることが意味深いかそうでないかはともかく、あなたが注意深く聞いているという、まさにそのことが意味深い。
そのまさに注意深さが、あなたの意識を絶頂へともたらす。
過去は解消する。
未来は消滅する。
あなたはほかのどこかにはいない。
あなたはまさに今ここにいる。
そして思考がないその静寂な瞬間、
あなたはみずからの源泉に深く触れている。
その源泉は至福だ。
その源泉は聖なるものだ。
だから、なすべき唯一のことは、
どんなことも注意深くやるということだ。

二番目の質問

あなたは精神的な努力には20年から30年はかかる、へたをしたら何生もかかるが、それでもまだ早すぎるほどだ、とおっしゃいました。しかし、西洋人の心は結果指向で、性急で、実利的すぎるようです。即座の結果を欲しがるのです。宗教的な手法も西洋

では他の流行と同じように、はやりすたりがあります。だとしたら、どうして、あなたは西洋の人びとにヨーガを紹介しようとなさるのですか？

私は西洋人の心や東洋人の心に関心があるのではない。
それらはひとつの心の二つの局面にすぎない。
私は心《マインド》に注目する。
そしてこの西洋と東洋という二分法はあまり意味がない。
今では取り上げる価値すらない。
西洋にも東洋的な心の人がいるし、東洋にも西洋的な心の人がいる。
そして今やすべてが混乱をきたしている。
今では東洋も急いでいる。
古い東洋はすっかり消え失せてしまった。
道家にこんな小話がある——

三人の道士が洞窟で瞑想をしていた。
一年が過ぎた。彼らは無言で、坐って、瞑想をしていた。
ある日、馬に乗った人が近くを通りすぎた。彼らは見た。三人の隠者のひとりが言った、「あの人は白い馬に乗っていた」ほかの二人は黙っていた。
さらに一年が過ぎて、二人目の隠者が言った、「馬は白じゃなくて黒だった」
そしてさらに一年が過ぎた。三人目の隠者が言った、「言い争うなら、私は出て行くぞ。出て行ってやる！　おまえたちは静かにできないのか！」

馬が白かろうと黒かろうと、それがどうしたというのか？

３年ものあいだ！　だが、これが東洋の流れだった。
時間はなかった。
東洋はまったく時間を意識していなかった。
まるで時間が過ぎていかないかのように、東洋は永遠のなかに生きていた。
あらゆるものが静止していた。
だが、その東洋はもはや存在しない。
西洋があらゆるものを堕落させ、東洋は消え去ってしまった。
西洋流の教育のおかげで、今やみんな西洋人になった。
あちこちわずかに、島のように東洋人が残っているにすぎない。
そのような人は西洋にもいるだろうし、東洋にもいるだろう。
彼らが東洋に限定されることはまったくない。
だが、世界全体としては、地球全体としては、西洋化してしまった。
ヨーガは言う――これにはとても深い意味があるから、自分のなかに深くしみ込ませなさい――
ヨーガは言う、あなたが性急であればあるほど、あなたの変容にはいっそう多くの時間がかかる。
急げば急ぐほど、あなたはいっそう遅くなる。
そのまさに急ぐことが混乱を生じさせ、結果として遅れてしまう。
あまり急いでいなければ、もっと速やかに結果が得られる。
無限の忍耐があれば、まさにこの瞬間にも変容は起こりうる。
永遠に待つ心構えがあれば、次の瞬間さえ待たなくていい。
まさにこの瞬間にもそれは起こる。
というのも、それは時間の問題ではないからだ。
あなたの心の質が問題だ。
無限の忍耐……。
結果を追い求めさえしなければ、あなたには深みが生まれてくる。

急ぐことがあなたを浅くしてしまう。
あなたは急ぎすぎているので深くなれない。
この瞬間も、あなたはここやこの瞬間よりも、次になにが起きるのかに興味がある。
あなたは結果に興味がある。
あなたは自分より先に進んでいる。
あなたの行き方は狂っている。
だから、いくら走り回ろうと、いくら駆け回ろうと、あなたはどこへも行き着かない。
なぜなら、目指す目的地はここだからだ。
あなたはどこかへ行き着くのではなく、このなかに飛び込まねばならない。
そしてその飛び込みは、あなたに全面的な忍耐があって初めて可能となる。
ひとつ禅の小話をしよう——

　禅僧が森のなかを歩いていた。ふと気がつくと、虎があとをついて来たので、彼は走りはじめた。だが、彼は走り方も禅風だった。急いではいなかった。狂ってはいなかった。彼の走りは軽快で優雅だった。彼はそれを楽しんでいた。僧は心のなかで思った、「虎がそれを楽しむのなら、どうして私に楽しめないことがあろうか？」
　やがて彼は断崖のそばまでやって来た。虎から逃れようと、彼は木の枝にしがみついた。そして下に目をやった。谷底にはライオンがたたずみ、彼を待ちかまえていた。やがて虎が近づいてきた。虎は山上のその木のすぐそばで止まった。彼は宙ぶらりんで、枝からぶら下がり、はるか下にはライオンが待っていた。

彼は笑った。そして目を凝らして見ると、２匹のネズミがその枝をかじっていた。１匹が白で、１匹が黒だった。彼は大声で笑った。そして言った、「これが人生だ。昼と夜、白と黒のネズミ。どちらへ行っても、死が待っている。これが人生だ！」

伝えられるところでは、彼は悟りを、つまり光明の最初の一瞥を得た。これが人生だ。心配してもどうなるものではない。これが世の定めだ。どこへ行こうと、死が待っている。たとえどこにも行かなくても、昼と夜が命を削っていく。だから彼は笑った。

そしてあたりを見回した。今やそれは逃れようがなかったからだ。もはや心配はなかった。死が確実なのに、心配してどうなる？　人は不確かだから心配する。なにもかも確実だったら、不安はない。もはやそれは運命だ。だから彼は、わずかな瞬間をどうやって楽しもうかと、あたりを探した。枝の横にわずかばかりのイチゴがあるのに気がついて、いくつかそのイチゴを摘むと、それを食べた。人生最高の美味だった。彼はそれを楽しみ、伝えられるところによると、その瞬間に光明を得た。

彼がブッダになったのは、死が間近にあったからだ。しかもそのときですら、彼は急いでいなかった。彼はイチゴの味を楽しむことができた。それは甘かった！　それは甘い味がした！　彼は実在に感謝した。伝えられるところでは、その瞬間に、あらゆるものが消えてなくなった――虎、ライオン、枝、そして彼自身も。彼は宇宙になった。

これが忍耐、無条件の忍耐というものだ！
あなたがどこにいようと、その瞬間のなかで、未来を求めることなく、楽しみなさい。
心のなかに未来への動きはない。

ただ現在の瞬間、その瞬間の現在性だけ、
そしてあなたは満ち足りている。
もはやどこにも行かなくていい。
どこにいようと、そのまさに地点から、
あなたは大海のなかに落ちる。
あなたは宇宙とひとつになる。
だが、心は今ここには興味がない。
心は未来のある時点、なんらかの結果に興味がある。
だからこの質問は、ある意味で、そのような心にとっては意味がある。
西洋人の心というよりも、現代人の心といったほうがいい。
現代人は四六時中、今ここではなく、未来に、結果に心を奪われている。
この心にヨーガを教えることはできるか?
この心にヨーガを教えることはできる。
というのも、この未来指向はどこにも行き着かないからだ。
そしてこの未来指向は、現代人の心に終わりのない苦しみをつくりだしている。
私たちは地獄をつくりだした。
あまりにも多くの地獄をつくりだした。
今や人間はこの地球から消え去らねばならないか、または自分自身を変容しなければならないか、そのどちらかしかない。
人類は完全に死に絶えねばならないか、または私たちは変容を通り抜けなければならないか、そのどちらかしかない。なぜなら、この地獄をこれ以上続けていくことはできないからだ——
このために、ヨーガは現代人の心にとってきわめて意味深く、有意義なものにもなりうる。

なぜなら、ヨーガはあなたを救うことができるからだ。
それは、どうやって今ここにあるかを、もう一度あなたに教えることができる。
どうやって過去を忘れるか、どうやって未来を忘れるか、どうやって現在の瞬間にとどまるか——この瞬間が時間を超えて、まさにこの瞬間が永遠となるほど強烈に。
パタンジャリはいっそう意義深いものとなるかもしれない。
これからの時代、人間変容の技法がいっそう重要なものになるだろう。
すでに世界中でそうなってきている。
ヨーガや禅という名前で、またはスーフィーの手法やタントラの手法として、じつに多くの形で、古い伝統的な教えが続々と表舞台へ登場してきている。
なにか深い要求があるのだろう。
世界中どこであれ、どんな地域であれ、ものを考える人たちは、どうして過去の人類はあれほどの幸福、あれほどの至福のなかに生きることができたのか、その再発見に興味を抱くようになった。
あれほど貧弱な社会環境だったのに、どうしてあれほど豊かな人たちが過去には存在しえたのか、
一方で私たちは、これほど豊かな境遇なのに、どうしてこんなに貧しいのか？
これはパラドックス、現代の矛盾だ。
私たちはこの地上に初めて豊かな、科学的な社会を築いたが、それはもっとも醜くもっとも不幸な社会だ。
そして過去には科学技術はなかったし、裕福ではなかったし、不便そのものだったが、人類はあれほど深く、安らかな社会環境に暮らしていた——嬉々として、感謝に満ちて。

なにが起こったのだろう？
私たちはだれよりも幸せであっていいはずなのに、実在との接触を失ってしまっている。
実在は今ここにあるが、性急な心はそれに触れることができない。
性急さとは熱病のような狂った心の状態だ。
あなたは走りつづけている。
たとえゴールがやって来ても、あなたはそこで立ち止まれない。
というのも、走ることが習慣になってしまっているからだ。
たとえ目的地に着いても、止まることができず、あなたはそれを見逃し、そこを通り過ぎてしまう。
止まることができれば、目的地を探さなくてもいい。
慧海禅師は言った、
「探せば、失う。探さねば、ただちにそれを得る。
止まれば、それはここにある。走れば、それはどこにもない」

三番目の質問

どうしてヨーガの道の多くの人たちが、戦闘的、闘争的な姿勢をとるのでしょう。厳しい規律を守ることや、戦士のようなやり方に過大な関心を寄せるのでしょう？　それはヨーギとして本当に必要なことなのですか？

それはまったく不必要なことだ。
ただ不必要なだけでなく、ヨーガの道にありとあらゆる障害をつくりだす。
戦士のような態度は、ありうる最大の障害だ。
なぜなら、闘う相手がいないからだ。

内側では、あなたはひとりだ。
闘いはじめたら、あなたは自分自身を分割する。
これは最大の病だ――
分断されること、分裂症になることは。
そして苦闘はすべて無意味 だ。
どこにも行き着かないからだ。
だれも勝つ者はいない。
あなたは両方の側にいるからだ。
だからよくて遊ぶことができるだけだ。
あなたはかくれんぼすることができる。
あるときはAの部分が勝ち、あるときはBの部分が勝つ。
次にまたAが、その次にまたBが。
そんなふうにやっていく。
あるときはあなたが善と呼ぶものが勝つ。
だが、悪を正し、悪に打ち勝てば、善の部分が消耗し、悪の部分がエネルギーを得る。
だから、遅かれ早かれ、悪の部分が浮上してくる。
これが際限なく続くかもしれない。
だが、なぜこの戦士のような態度が生まれてくるのだろう？
なぜ多くの人びとに闘いが始まるのか？
変容について考えたとたんに、彼らは闘いはじめる。
なぜだろう？
それはあなたが勝つ方法をひとつしか知らないからだ。
それは闘うという方法だ。
外側の世界には勝利を収めるひとつの方法がある。
それは闘うこと、闘って相手を打ち負かすことだ。
これが外側の世界で勝利を収める唯一のやり方だ。

あなたはこの外側の世界に何百万年も生きてきて、そして闘ってきた。
十分に戦わなければときに敗北を喫するし、十分に戦えばときに勝利を収める。
だから闘うこと、強くなることがプログラムに内蔵されている。
勝利を収める方法はひとつしかない、それは徹底的に闘うことだ。
内側に入るとき、それしか知らないために、あなたは同じプログラムを持って入る。
ところが内側の世界では、状況はまったく正反対だ。
闘うと、あなたは負けてしまう。
闘う相手がいないからだ。
内側の世界では、手放し《レットゴー》が勝利を収める方法だ、
明け渡しが勝利を収める方法だ。
内なる本性が流れるのを許し、闘わないことが勝利を収める方法だ。
川を流れさせること、川を押さないことが、内側の世界に関するかぎり、その方法なのだ。
それはまったく正反対だ。
だが、あなたは外側の世界しかよく知らないために、最初のうちは必ずこれが起きる。
内側に入る人はみんな、同じ武器、同じ態度、同じ闘い、同じ防御を持ち込む。
マキアヴェリは外側の世界を指向している。
老子、パタンジャリ、ブッダは内側の世界を指向している。
彼らは異なったことを教えている。
マキアヴェリは言う、攻撃こそ最大の防御なり、と。
「待つな。相手の攻撃を待っていたら、おまえはすでに敗者の側にいる。おまえはすでに負けている。相手は始めているからだ。相

手はすでに勝っている。
だから先に始めたほうがつねに有利だ。防御しようと待っているな。つねに攻撃する側になれ。
だれかが攻撃してくる前に、自分から相手を攻撃し、できるだけ狡猾に、できるだけ不正に闘え。不正に、狡猾に、攻撃的にやれ。欺け、それしか方法はない」
これがマキアヴェリの勧めるやり方だ。
マキアヴェリは正直な人間だ。
彼が必要であればどんな手でも勧めるのはそのためだ。
だが、老子、パタンジャリ、またはブッダに尋ねたら、彼らは異なったタイプの勝利について語る。
内なる勝利について。
そこでは、狡猾さは役に立たない。
欺いてもむだだ、闘ってもむだだ、攻撃してもむだだ。
なぜなら、だれを欺くのか？　だれを負かすのか？
そこにはあなたしかいない。
外側の世界では、あなたがひとりになることはけっしてない。
そこには他人がいる。
彼らは敵だ。
内側の世界にはあなたしかいない。
「他人」がいない。
敵はいないし、友人もいない。
これはあなたにとってまったく新しい状況だ。
あなたは古い武器を手にしているが、そういった古い武器があなたの敗北の原因となる。
世界を外側から内側へ切り替えるときには、外側で学んだすべてのものを置いていきなさい。

それが役に立つことはない。
ある人がラーマナ・マハリシに尋ねた、
「静かになるには、自分自身を知るには、なにを学んだらいいでしょうか?」
ラーマナ・マハリシは、こう言ったという、
「内なる自己に達するには、なにも学ばなくていい。学んだことを忘れなさい。学んだことは役に立たない。あなたを外側へと向かわせるだけだ。学んだことを忘れなさい」
学んだあらゆることを、忘れ、捨て、落としなさい。
純真に、子供のように内側へと入っていきなさい。
狡猾さや如才のなさではなく、子供のような信頼と純真さとともに。
だれかに攻撃されるかもしれない、といった考え方をしないこと。
だれもいないのだから、不安を感じたり、防衛の準備をしたりしなくてもいい。
傷つきやすく、受容的に、開けっ広げになりなさい。
それがシュラッダ、信頼の意味だ。
外側で疑いが必要なのは、他人がそこにいるからだ。
彼はあなたを騙しかねないから、あなたは疑わざるをえないし、懐疑的にならざるをえない。
内側では、疑いも、懐疑的な態度もいらない。
そこにあなたを騙す人はいない。
あなたはそこでありのままでいられる。
だから、だれもがこの戦士のような態度を身につけるが、それは必要ない。
それは障害、最大の障害だ。
それは外に置いていきなさい。

これをいつも忘れないようにすること——
外側で必要なものはすべて内側では障害になる。
どんなものも、無条件に。
そしてちょうど反対をやってみなければならない。
外側の科学的研究では疑いが役に立つように、
内側の精神的探求では信頼が役に立つ。
外側の権力、地位、他人の世界では攻撃性が役に立つように、
内側では非攻撃性が役に立つ。
狡猾で計算高い心が外側では役に立つように、
純真な、計算のない、子供のような心が内側では役に立つ。
これを覚えておきなさい——外側でなにかが有用だとしたら、内側ではその反対のものが有用だ。
だからマキアヴェリの『君主論』を読めばいい。
それは外側で勝利を収めるやり方だ。
そしてマキアヴェリの『君主論』を逆転させれば、あなたは内側に達することができる。
マキアヴェリを逆立ちさせたら、彼は老子になる——
シルシアーサナ、倒立の姿勢をとらせたら。
マキアヴェリが逆立ちしたらパタンジャリになる。
だから『君主論』を読めばいい。
それはすばらしい。
外側の勝利に関するもっとも明快な言明だ。
そして次に老子の『道徳経』かパタンジャリの『ヨーガスートラ』、またはブッダの『ダンマパダ（法句経）』かイエスの『山上の垂訓』を読めばいい。
それらはまったく対照的、まさに正反対、対極そのものだ。
イエスは言う、「柔和な人びとは幸せだ、その人たちは地を受け継

ぐ」柔和な、純真な、弱々しい、少しも強くない人たち。
「心の貧しい人びとは幸せだ、天の国はその人たちのものだ」
イエスは「心の貧しい」と明言する。
彼らにはこれは自分のものだと言えるものがない。
彼らは「私にはこれがある」と言えない。
彼らはなにものも所有していない——
知識も、財産も、権力も、地位も。
彼らはなにも所有してはいない。
彼らは貧しい。
彼らは「これは私のものだ」と言えない。
私たちは所有権を主張しつづけている、
「これは私のものだ、あれは私のものだ。
自分のものが多いほど、いっそう自分があるように感じる」
外側の世界では、心の縄張りが広けれ広いほど、いっそうあなたがある。
内側の世界では、心の縄張りが狭ければ狭いほど、いっそうあなたは大きい。
その縄張りが完全になくなって、あなたがゼロになったら、あなたは最大になる。
今やあなたは勝利者だ。
勝利が実現した。
戦士のような態度——闘争的で、戦闘的で、厳しい規律や、規範、計算、計画に過大な関心を寄せる——この心が内側に持ち込まれるのは、あなたがそれを学習しているから、ほかにはなにも知らないからだ。
あなたにはほかのやり方がほとんど目に入らない。
あなたにそれが見えないのは、目は見ることを習ったものしか見ることができないからだ。
あなたが仕立屋だったら、顔は見ないで服を見る。
顔から大したことはわからない。
服を見ただけで、あなたは相手がどんな人なのかわかる。
あなたはその言語を知っている。
あなたが靴屋なら、服も見なくてもいい。
靴だけでいい。
靴屋は通りを眺めているだけで、どんな人が通っていくのかわかる。
靴を見ているだけで——その人が偉大な指導者なのか、芸術家、
自由人、ヒッピー、金持ちなのか。
彼は教養があるか、教育があるか、無学なのか、田舎者なのか。
靴屋は履物を見ただけで相手がどういう人なのかわかる。
というのも、靴にすべてが表れているからだ。
靴屋はその言語を知っている。
ある人が人生で成功していたら、彼の靴には独特の光沢がある。
人生で失敗していたら、その靴はあまりぱっとしない。
その靴はみすぼらしく、手入れされていない。
靴屋はそれを知っている。
あなたの顔は見なくていい。
靴が知りたいすべてのことを教えてくれる。
私たちはあらゆることを学び、そのなかに居すわってしまう。
するとそれしか見なくなる。
あなたはなにかを学んだ。
それを学ぶのに何生も費やしてきた。
今やそれは深く根を張り、刻み込まれている。
それはあなたの脳細胞の一部になっている。
だから内側へ入っていくと、そこにはただ暗闇があり、ほかには

なにもない。
あなたにはなにも見えない。
あなたの知っている全世界が消えてしまう。
それはちょうど、ひとつの言語しか知らないあなたが、突然、だれもあなたの言葉を理解しない、あなたにはだれの言葉も理解できない土地へ、連れ去られてしまったようなものだ。
人びとがしきりにおしゃべりをしているが、彼らは狂っているとしか思えない。
あなたには理解できないので、彼らの言葉はたわごとのようにしか聞こえず、とても耳障りだ。
彼らの話し声がやかましくてたまらない。
あなたがそれを理解したら、状況はがらりと一変する。
あなたはそれの一部になる。
もうそれはたわごとではない。
それは意味があるものになる。
内側に入るとき、あなたは外側の言葉しか知らない。
内側には暗闇がある。
あなたの目には見えない。
あなたの耳には聞こえない。
あなたの手には感じられない。
だれかがあなたの手をとって、この見知らぬ道を引いていかねばならない。
あなたが慣れるまで、あなたが感じはじめるまで、あなたがまわりのなんらかの光、なんらかの意味、なんらかの意義に気づくようになるまで。
最初の手ほどき《イニシエーション》を受けると、ものごとが起こりはじめる。
だが、最初の手ほどきは困難だ。

なぜなら、それは完全な方向転換、全面的な方向転換だからだ。
突如として、あなたの意味の世界が消えてしまう。
あなたは見知らぬ世界にいる。
あなたはなにがなんだかわからない。
どこへ行ったらいいのか、なにをしたらいいのか、
この混乱《カオス》をどう受け止めたらいいのか。
師《マスター》とは知っている人を意味するだけだ。
そしてこの内側の混乱は彼にとって混乱ではない。
それはひとつの秩序、調和となっているから、あなたをそのなかに導いていくことができる。
イニシエーションとは、他人の目を通して内なる世界をのぞき込むことだ。
それは信頼がないと不可能だ。
あなたは自分の手をとらせたくない、だれかに導かれて未知のなかへ入っていきたくない。
そして師はいかなる保証も与えられない。
いかなる保証もなんの役にも立たない。
彼が言ったことをすべて、あなたはそのまま信じるしかない。
昔の時代には、パタンジャリがその経文を書いていた頃には、信頼することはとても簡単だった。
なぜなら、外側の世界でも、とりわけ東洋、特にインドにおいては、イニシエーションのパターンができていたからだ。
例えば、職業、生業は家族が世襲した。
父親が子供に職業の手ほどきをした。
そして子供は自然に父親を信じるものだ。
父親が田舎の人で農民なら、彼は子供を畑へと連れて行き、子供に農作業の手ほどきをした。

どんな職業でも、どんな商売をしていても、父親が子供に手ほどきをした。
東洋の外側の世界では、なにからなにまで手ほどきされた。
やり方を知っている者があなたを手引きした。
これがとても役に立った。
なぜなら、あなたはイニシエーション、
だれかが自分を導くプロセスに親しんでいたからだ。
だから内なるイニシエーションのときがやって来ても、あなたは信頼することができた。
そして信頼、シュラッダは、
つまり「信」は技術が未発達な世界では容易だった。
テクノロジーが発達した世界では、狡猾さ、抜け目のなさ、計算高さ、如才なさが求められる――純真さではなく。
テクノロジーが発達した世界では、純真でいると、あなたは愚かしく見える。
抜け目がなかったら、あなたは利発に、知性的に見える。
大学はまさにこれをやっている。
彼らはあなたを如才なく、ずる賢く、計算高くする。
計算高いほど、ずる賢いほど、あなたは世の中でもっと成功する。
その正反対の状況が過去の東洋にはあった。
狡猾だと、あなたは外側の世界でも成功できなかった。
純真さだけが容認されていた。
技術はあまり重んじられず、内面的な質がなによりも重んじられた。
その昔は、ある人がずる賢いけれどよい靴をつくるとしたら、東洋の人はだれも彼のところへは行かなかった。
彼らは純真な人のところへ行った。

そんなにりっぱな靴をつくらなくても、人びとは純真な人のところへ行った。
というのは、靴はただの「もの」ではないからだ。
それをつくった人の人柄を反映している。
だからずる賢くて抜け目のない職人がいたら、だれも彼のところへは行かなかった。
彼は苦労した。
彼は失敗者になった。
だが、ある人が性格がよくて、品性があり、純真な人だったら、人びとは彼のところへ行った。
たとえ多少難のある物をつくるにしても、人びとは彼の品物のほうを重んじた。
カビールは機織りだった。
彼は一生を機織りとして生きた。
光明を得たあとも、彼は機織りを続けた。
彼は忘我の境地にあったから、その織物はあまり出来がよくなかった。
彼は歌いながら、踊りながら機を織っていた！
たくさん間違いがあったし、たくさんのミスを犯したが、彼の品物は大切にされ、珍重された。
多くの人がカビールがなにかを持参するのを待っていた。
それはただの品物、日用品ではなかった。
カビールからのものだ！
その物自体が特別な質を備えていた。
それはカビールの手から来たものだった。
カビールがそれに触れた。
それを織っているあいだも、カビールはそのまわりで踊り、いつもつねに神を想っていたから、その品物は、布地であれ衣服であれなんであれ、聖なるものに、神聖なものになった。
量ではなく質が問題だった。
技術的な側面は二の次だった。
人間的な側面が優先された。
だから東洋では外側の世界でも、あるパターンが維持されていたので、あなたが内側を向いたときに、その世界にまったく不案内ということはなかった。
なにかをあなたは知っていたし、いくつかの指針、いくらかの光を手にしていた。
真っ暗闇のなかに入っていくのではなかった。
社会全体が信頼、誠実さ、真の分かち合いを中心に回っていた。
いずれそれが役に立った。
ある人に内側に入るべき時期がやって来たとき、このすべてのことが、彼がたやすく手ほどきを受け、だれかを信頼するための助けとなった。
闘争、苦闘、攻撃性は障害になる。
それを持ち込んではいけない。
内側へ入るときは、それを戸口へ置いていきなさい。
それを持っていると、あなたは内なる寺院を見逃してしまう。
あなたはけっしてそこへたどり着かない。
そういったものがあると、あなたは内側へ入っていけない。

四番目の質問

現代人はこんなに忙しいのに、パタンジャリの手法はとても時間がかかるようです。だとしたら、あなたはこれらの講話をだれに話しているのですか?

確かに、現代人は多忙だ。
だから、その正反対のものが役に立つ。
あなたが忙しかったら、パタンジャリが役に立つ。
それは彼が急いでいないからだ。
彼は解毒薬だ。
あなたの心には解毒薬が必要だ。
それをこんなふうに見てみるといい。
とりわけ西洋人の心は多忙なために——そして今ではその他の心は存在せず、多かれ少なかれ、どこであれ西洋の心しかない、東洋においてさえ——そのために禅に興味を持つようになった。
というのも、禅は突然の光明を約束するからだ。
禅はインスタントコーヒーのようなものだ。
それには魅力があるのはそのためだ。
だが、私は禅は助けにならないと知っている。
なぜなら、それは禅ゆえの魅力ではなく、多忙さゆえの魅力だからだ。
だとしたら、あなたは禅を理解していない。
西洋で、禅について噂されているほとんどすべてのことは偽りだ。
それは多忙な心の要求を満たしはするが、禅の真の姿とはいえない。
日本に行って禅の人びとに尋ねてみるといい。
彼らは最初の悟りを得るまで30年も、40年も待っている。
突然の光明のためにさえ、人は懸命な努力をしなければならない。
光明は突然だが、その準備はとても長い。
それは水を沸かすのに似ている。
あなたは水を温める。
やがて一定の温度、摂氏100度になると、水はいっきに蒸発する。

確かに、蒸発は突然に起こるが、あなたはそれを100度まで熱しなければならない。
加熱には時間がかかり、その温まり方はあなたの熱烈さしだいだ。
そして、もし急いでいたら、あなたはその熱を持ちあわせていない。
というのも、あんまり急いでいるので、あなたは禅の悟りを、または光明を片手間に得るしかないからだ——
そんなふうにして達成できるなら、入手できるものならだが。
あなたは走っていって、それをだれかの手からひったくりたい。
そんなふうにできるものではない。
例えば、花が、季節の花がある。
あなたが種をまくと、３週間もすれば植物は準備ができる。
しかし、３か月もすると植物は花を咲かせ、散って、なくなってしまう。
あなたが急いでいるなら、瞑想、ヨーガ、禅ではなく、麻薬にでも興味を持ったほうがいい。
なぜなら、麻薬は夢を与えてくれるからだ。
即座《インスタント》の夢だ。
あるときは地獄、あるときは天国。
それなら瞑想よりマリファナのほうがいい。
あなたが急いでいたら、あなたには永遠のものは起こらない。
なぜなら、永遠のものは永遠に待たねばならないからだ。
自分に永遠が起こってほしいなら、あなたはそれにふさわしくならないといけない。
急いでもなんの役にも立たない。
禅ではよくこう言われる——急いでいたら、あなたは到達しない。
たんに坐っただけでも到達できるのに、急いだらけっして到達しない。

そのまさに性急さが障害になる。
あなたが急いでいたら、パタンジャリが解毒薬になる。
あなたが急いでいないなら、禅もまたいいだろう。
この言明は矛盾しているように見えるが、そういうものだ。
現実《リアリティ》とはそういうものなのだ。
矛盾している。
急いでいたら、光明が起こるまで、あなたは何生も待たねばならない。
急いでいなかったら、それは今すぐ起こるかもしれない。
私がとても気に入っている物語がある。
それはインドの昔話だ――

　ナーラダは天と地を結ぶ使者で、神話の登場人物だ。そのナーラダが天国へ行くところだった。彼は郵便配達夫のようなものだ。絶えず昇ったり降ったりして、上からのメッセージを伝え、下からのメッセージを運んでいる。彼は休みなく働いている。その彼が天国へ行くとき、一本の木の下に坐り、マーラ、つまり数珠を繰ってラーマの名前を唱えている、とても年老いたひとりの僧侶のそばを通りかかった。老人はナーラダを見ると言った、「どこへ行かれるのですか？　天国へ行くのですか？　それならお願いがあります。神にお尋ねください。私はあとどれだけ待たねばならないのか」――このまさに問いにも性急さが表れている――「そしてよく念を押してください」と年寄りの僧侶は言った、「私は三つの人生で瞑想と禁欲をしてきました。自分にできることはなんでもやりました。ものごとには限度があります」
　要求、期待、忍耐のなさ……。

ナーラダは言った、「向こうに行ったら、尋ねてみましょう」

その老僧のすぐそばに、別の木の下に、ひとりの若者がいて、神の名前を唱えながら踊っていた。からかい半分に、ナーラダはその若者に尋ねた、「あなたも自分のことを尋ねてほしいですか、あとどれだけかかるか？」

だが、若者は忘我の境地にあったので、なにも答えなかった。

何日かして、ナーラダが戻ってきた。彼は老人に言った、「神にお聞きすると、笑ってこう言われました、『少なくともあと三生はかかる』と」

老人はマーラを投げ捨てると、怒ってこう言った、「なんて不公平なんだ！　神は公平だなんて言うやつは、みんな間違っている！」

次にナーラダは若者のところへ行くと、まだ踊っている若者にこう言った、「あなたは尋ねませんでしたが、私が代わりに尋ねました。でも、言いにくくなってしまいました。あの老人はひどく腹を立てて、私を殴りそうな勢いでしたからね」

だが、若者はまだ踊っていて、いまだに興味を示さなかった。

ナーラダは彼に言った、「私が尋ねると、神はその若者にこう伝えるようにと言われました。彼は自分がその下で踊っている木の葉っぱの数を数えねばならない、彼は到達するまでにそれと同じ数だけ生まれ変わらねばならない、と」

若者はそれを聞くと、深い忘我の境地《エクスタシー》に入った。彼は笑い、飛び跳ね、喜び祝った。彼は言った、「そんなにすぐにですか？　だって、この世にはたくさんの木があるのですよ、何百万本もね。なのにこの木の葉だけ？　たったそれだけ？　そんなにすぐに？　神は無限の慈しみです、私はそれに値しないのに！」

伝えられるところでは、ただちに彼は成就した。まさにその瞬間に、彼は光明を得た。

あなたが急いでいたら、それには時間がかかる。
あなたが急いでいなかったら、まさにこの瞬間にもそれは起こる。
パタンジャリは急いでいる人たちのための、そして禅は急いでいない人たちのための解毒薬だ。
ところが反対のことが起こる。
急いでいる人たちが禅に興味を示し、まったく急いでいない人たちがパタンジャリに興味を持つ。
これは間違っている。
あなたが急いでいるなら、パタンジャリのほうが向いている。
というのも、彼はあなたを引き降ろし、あなたを正気に戻らせるからだ。
そして彼はとても長い道のりについて語るから、彼はあなたにとってはショックだ。
そして彼があなたのなかに入ることを許したら、あなたの性急さは消えてしまう。
だからこそ私はこうやって話している。
私がパタンジャリについて話すのはあなたのためだ。
あなたは急いでいるから、私はパタンジャリがあなたの性急さを鎮めてくれないかと期待している。
彼はあなたを引き降ろし、現実に立ち戻らせる。
彼はあなたを正気に戻す。

五番目の質問

サルトルやカミュのような西洋の実存主義者の多くは、人生の

挫折、絶望、無意味さには気づきましたが、パタンジャリの歓喜《エクスタシー》については知りませんでした。なぜでしょう？　なにが欠けているのでしょう？　パタンジャリだったら、現代の西洋について、どのようなことを言うでしょうか？

確かに、西洋には、インドのブッダにはあった、あるいくつかのものが欠けている。
ブッダもサルトルと同じ地点へと至った。
実存主義的な絶望、苦悩、すべてはむなしい、人生は無意味だという感覚に。
だが、ブッダがこの地点、あらゆるものは無意味だという感覚に至ったとき、インドにはその先の道が開けていた。
それは道の終わりではなかった。
じつのところ、それはひとつの道の終わりにすぎなかった、そして別の道がすぐに開けた。
ひとつの扉が閉まると別の扉が開いた。
それが精神的な文化と物質的な文化の違いだ。
唯物論者は言う、
「これがすべてだ。人生にはほかになにもない」
唯物論者は、目に見えるすべてが現実のすべてだと言う。
それが無意味なものになっても、そこで扉は開かない。
精神的な人物は言う、
「これがすべてではない、見えるものがすべてではない、触れられるものがすべてではない」
目に見えるものが終わったとき、突然、そこに新たな扉が開ける。
これで終わりではない。
なにかが終わっても、それは別の次元の始まりにすぎない。

これは唯物的な人生観と精神的な人生観の違いにすぎない——世界観の相違だ。
ブッダは精神的な世界観の社会に生まれた。
彼もやはり私たちのあらゆる行いの無意味さに気がついた。
というのも、死が存在し、死がすべてを終わらせてしまうなら、やろうとやるまいとどんな違いがあるというのか？
あなたがしようとしまいと、死がやって来て、すべてを終わらせてしまう。
あなたが愛そうと愛すまいと、老年が訪れ、あなたは老いぼれ、生ける屍になってしまう。
あなたが貧しく生きようと豊かに生きようと、死がいずれも消し去ってしまう。
死はあなたがどんな人なのか気にしない。
あなたは聖者だったかもしれない。
あなたは罪人だったかもしれない。
死にとってはなんの違いもない。
死は徹底した共産主義者だ。それはだれをも平等に扱う。
聖者と罪人のいずれも塵へと帰してしまう——塵は塵に帰すべし、だ。
ブッダはこれに気づいたが、精神的な世界観がそこにあった。
社会風土が異なっていた。
このブッダの物語は前にも話した。
彼は老人を目にし、青年時代は過渡期、つかのまの現象にすぎないことに気がつく。
海の波は上がっては下がり、ひとつも長続きするものはなく、なにも永遠のものはない。
夢のようなもの、今にもはじけそうなシャボン玉のようなものだ。

次に彼は死人が運ばれてくるのを見る。
西洋なら、物語はここで終わっていた——老人、死人で。
だが、インドの物語では、死人のあとに、彼はサニヤシンを見る——それは扉だ。
そこで彼は御者に尋ねる、
「この人はどういう人だ、なぜ彼は黄土色の衣を着ている？
彼にはなにが起こった？　あの人はどういう素性の人だ？」
御者は言う、
「この人もまた生が死に至ることに気がつき、不滅の生を探しているのです」
このような社会風土があった。
生は死では終わらない……。
ブッダの物語では、死を見たあとに、人生が無意味なものに感じられたとき、突然、新たな次元が開ける。
新たな展望《ヴィジョン》、サニヤスが。
それは生のもっと深い神秘を洞察しようとする、可視に深く浸透して不可視に達しようとする試みだ。
物質に深く浸透すると物質は消えて、あなたは根元的な現実《リアリティ》、霊的エネルギーの実体、ブラフマンへと行き着く。
サルトル、カミュ、ハイデッガーの場合、物語は死人で終わってしまう。
サニヤシンが失われている。
それは失われた環《ミッシングリンク》だ。
西洋では、唯物主義が世界観になった。
いわゆる宗教的な人たちも西洋ではみんな唯物論者だ。
彼らは教会へ行くかもしれない、キリスト教を信じているかもしれないが、その信仰は皮一枚の厚さもない。

それは社会的な儀礼だ。
人は日曜日には教会へ行かないといけない。
それは他人から「善良な人」と認められるためにやること、なさねばならぬ善い行いだ。
あなたは善い行いをする善良な人だ。
それは社会的な儀礼だ。
だが、内側では、みんな唯物論者になってしまった。
唯物論の世界観では、死ですべてが終わる。
これが真実なら、変容の可能性はまったくない。
そしてすべてが死で終わるなら、生きていることに意味はない。
それなら自殺が正しい答えだ。
その後もサルトルが生きつづけたことは驚きに価する。
彼は死を迎えるずっと以前に自殺しているべきだった。
なぜなら、人生の無意味さに本当に気づいたのなら、なんの意味がある?
彼はそれに気づいたか、またはわずかな望みを抱きつづけ、本当は気づいていなかったのか、そのどちらかだ。
毎日まったく同じことを続けることに、ベッドから起き上がることに、なんの意味があるのか?
人生の無意味さを、あなたが本当に感じたら、翌朝、どうしてベッドから起き上がるのか?　なんのために?
相も変わらぬ愚かさをまたくり返すためか?　無意味だ。
そもそもなぜあなたは息をしているのか?
これは私の理解だが、あなたが人生の無意味さに本当に気がついたら、その場で息が止まってしまうだろう。
なんの意味がある?
あなたは息をしたくなくなり、いっさいの努力をやめてしまう。

だが、サルトルは生きつづけた。
生きつづけてありとあらゆることをやった。
無意味さは本当に深くまで浸透していなかった。
それは哲学ではあっても、いまだ生ではない。
いまだ内側の奥深くの出来事ではなく、ただの哲学だ。
そうでなければ、東洋が開かれている。
サルトルはなぜ来なかったのか？
東洋は言う、「確かに人生は無意味だが、そこでひとつの扉が開く」
だったら彼は東洋に来て、その扉を探せばいい。
人びとがそう言っただけではない。
およそ一万年の長きに渡って、多くの人がこの点を理解するにいたったことは、まぎれもない事実だ。
ブッダは40年間、一瞬も惨めと感じることなく、歓喜のなかに生きた。
そのふりをすることができるだろうか？　歓喜に満ちているふりをして、40年間も生きることができるだろうか？　演じてどうなる？
しかもひとりのブッダだけではない。
東洋では何千ものブッダが生まれ、惨めさのさざ波ひとつ立たず、至福に満ちあふれた人生を生きた。

パタンジャリが言っていることは哲学ではない、体感された事実だ。
それは体験だ。
サルトルにはあまり勇気がない。
そうでなければ、二つの選択肢があった。
自分の哲学に正直になり自殺するか、それとも生、新たな生への道を探るか。
いずれの道でも、あなたは古いものを後にする。

だから私は言ってやまない。
人が自殺の地点に至ったとき、そこで初めて扉が開く、と。
その地点で、選択肢は二つある——自殺か、自己変容か。
サルトルには勇気がない。
彼は勇気、誠実さ、真正さについて語るが、そのいずれも持ち合わせていない。
あなたが真正なら、自殺するか、惨めさから抜け出す道を探るか、そのどちらかしかない。
その惨めさが決定的で絶対的なものなら、どうしてそのまま生きていられるのか？　自分の哲学に正直であるべきだ。
彼の言う、絶望、苦悩、無意味さもやはり言葉や理屈にすぎず、実存的なものではないのだろう。
私は感じるのだが、西洋の実存主義は実存的とは言えない。
それもやはり哲学だ。
実存主義者であるとは、それが感覚であって、思考ではないということだ。
サルトルは偉大な思想家だったかもしれない。
実際にそうだったが、彼はそれを感じていなかったし、それを生きていなかった。
絶望を生きたなら、あなたはなにかやるしかない、徹底してやるしかない、今すぐやるしかない地点へと必ず行き着く。
変容は急を要するもの、あなたの唯一の関心事になる。
あなたはまた「なにが欠けているのでしょう」と尋ねている。
西洋には世界観、精神的な世界観が欠けている。
そうでなければ、多くのブッダたちが生まれていただろう。
機は熟している——多くの人が絶望、無意味さを感じている。
それが空気のなかにある。

社会は豊かさを実現したが、なにかが欠けていることが見えてきた。
金はあるし、力もあるが、人間は深いところでまったくの無力さを感じている。
状況は整っているが、世界観が欠けている。
西洋には精神的な世界観が必要だ。
この生で旅の終わりに至った人たちが、これで終わりだと感じることのないように。
そこで新たな扉が開く。生は永遠だ。
あなたは何度もこれですべては終わりだと感じるが、不意に、またなにかが始まる。
精神的な世界観が欠けている。
その世界観さえあれば、多くの人がそれに移行していくだろう。
ひとつ問題なのは、東洋の多くの自称宗教教師たちが西洋へと渡っているが、彼らはあなた以上に物質主義的だということだ。
彼らは金のために行っているにすぎない。
彼らはあなたに精神的な世界観を与えられない。
彼らはセールスマンだ。
好機が到来し、彼らは市場を見つけた。
それがなにかわからないが、人びとはなにかを切望している。
人びとはこのいわゆる人生に絶望し、挫折し、なにか未知のものに、まだ結論が出ていないものに飛び込みたいと思っている。
一儲けを企む者たちに市場が開かれて、東洋から多くの商売人たちがやって来た。
たとえ大聖《マハリシ》と呼ばれようと、なんら実体は変わらない。
多くの商売人、セールスマンが西洋へと渡ってきている。
彼らは金のためにそこにいるにすぎない。
その人が本当のマスターなら、あなたが彼のもとへ行かなければならない。
あなたが彼を探し、あなたが彼を見つけ、あなたが努力しなければならない。
本当のマスターが西洋へ行くことはありえない。
なぜなら、行くことによって、すべての意味が失われてしまうからだ。
西洋が彼のもとへ到らねばならない。
それに西洋の人びとにとっては、そのほうが容易だろう。
東洋に内なる規律や覚醒を学びに来て、それから西洋に戻って、新たな精神風土を広めるほうが。
そのほうが西洋の人びとにとっては容易だろう。
東洋で学び、精神的な師の雰囲気のなかにとどまり、そしてメッセージを持ち帰るほうが。
というのも、西洋に帰って、その知らせを広めようとする人なら、あなたはたぶん物質主義者ではないだろうからだ。
今まで十分に物質主義的だったから、あなたは物質主義者ではあるまい。
あなたはそれに見切りをつけた。
東洋の貧しい人たちが西洋へ行くと、さも当り前のように、彼らは金をかき集めはじめる。
そうなることはわかりきっている。
東洋は貧しく、今や東洋は精神性を追い求めていない。
さらなる金、さらなる機械装置、さらなる工業技術と原子力科学を追い求めている。
たとえブッダが生まれても、東洋ではだれも彼のことを話題にしないだろう。
ところが、インドがちっぽけなおもちゃのような人工衛星を打ち上げると、全国民が大騒ぎして喜ぶ。
なんと愚かしいことか！ 小さな核爆発ひとつで、五番目の核保有国になったということで、インドは大いに気をよくして誇りに思う。
東洋は貧しく、今や東洋は物質のことしか考えてない。
貧しい心はつねに物質と物質 の恩恵について考える。
東洋は精神性を求めていない。
西洋は豊かになり、今では西洋が探求に乗り出そうとしている。
西洋について、パタンジャリならなんと言ったか、私にはわからない。
どうしてわかるかね？　パタンジャリはパタンジャリだ。
私はパタンジャリではない。
だが、私ならこのように言う——西洋は自殺か精神的な革命かそのいずれかが起こる地点にまで到達した、と。
選択肢はこの二つしかない。
私はこれを個々の人間について言っているだけではない。
これは西洋全体についても言えることだ。
西洋は今も着々と準備を進めている核戦争によって自滅するか、あるいは精神的な目覚めが起こるか、そのいずれかしかない。
そしてあまり時間は残されていない。
あと数年もしたら、西洋は自滅するか、または人類の歴史上最大の精神的な目覚めを経験するか、そのどちらかだろう。
多くのことがそれにかかっている。
人びとが私のところへ来て言う、
「あなたは、相手がふさわしいかどうか考えもせずに、サニヤスを与えていますね」
私は彼らに言う、もう時間がないから、そんなことにかまってはいられない、と。

私が５万人にサニヤスを与えたとして、そのうちの50人しか本物がいないとしても、それで十分だ。
西洋はサニヤシンを必要としている。
そこでの物語は死人が運ばれてくるところまで行った。
今や西洋にはサニヤシンが登場しなければならない。
そしてこのサニヤシンは東洋人ではなく、西洋人でなければならない。
というのも、東洋人のサニヤシンは、遅かれ早かれ、あなたが彼に与えるすべてのものの犠牲になってしまうからだ。
彼は商売を始める。
極貧の東洋から来たために、彼はセールスマンになる。
彼は金を神と崇める。
サニヤシンは西洋人でないといけない。
西洋のルーツからやって来た人、人生の無意味さに気づいた人、物質主義に向けたあらゆる努力のむなしさに気づいた人、すべてのマルクス主義や共産主義、すべての唯物論的な思想の無益さに気づいた人。
このむなしさが今や西洋人の血のなか、まさに骨のなかにある。
私ができるかぎり多くの西洋人をサニヤシンにし、彼らを故郷へ送り返すことに心血を注いでいるのはそのためだ。
向こうでは大勢のサルトルが待っている。
彼らは死を目撃した。
彼らは黄土色の衣が現れるのを待っている。
そしてその黄土色の衣には歓喜がついて来る。

最後の質問

心と体に同化しないこと……。

私はいまだにそのやり方がわかりません。私は自分に言い聞かせます、おまえは心ではない、自分の恐れに耳を貸すな、自分自身を愛せ、満足せよ、などなど。

どのように同化しないのか、改めて説明してください。あるいは、少なくとも、私はなぜこれを理解できないのか。

自分は心ではない、自分は体ではないと自分に言い聞かせればいいというものではない。
なぜなら、それを言っているのは心だからだ。
それではけっして心から出ることはできない。
そのすべてを言っているのは心そのものだから、あなたはいっそう心に重きを置くようになる。
心はとても微妙だ。
あなたはそれにきわめて注意深くならなければいけない。
それを使ってはいけない。
もし使ったら、それを強くしてしまう。
心を使って心そのものを壊すことはできない。
心を使って心を自殺させることはできないことを、あなたは理解しないといけない。

「私は体ではない」とあなたが言うとき、それを言っているのは心だ。
「私は心ではない」とあなたが言うとき、それを言っているのもまた心だ。
事実をしっかりと見なさい。
なにかを言おうとしてはいけない。
言葉は、言語化はいらない。

ただ深く見るだけでいい。内側をただ見るだけ。
なにも言ってはいけない。
しかし、あなたが困っているのもよくわかる。
私たちは子供の頃から、黙って見ていないで、なにかを言いなさい、と教えられる。
バラを見たとたんに、あなたは「なんてきれいだ！」と言う。
それでお終いだ。
バラは行ってしまう。
あなたはそれを殺した。
今やあなたとバラのあいだにはなにかが入り込んだ。
「なんてきれいだろう！」
今やその言葉が壁のように立ちはだかっている。
そしてひとつの言葉が別の言葉につながり、ひとつの思考が別の思考につながる。
それらは群衆となって動いている。
それは単独では動かない。
思考がひとつしか見つからないことはない。
それは群れている。
これは動物の群のようなものだ。
だから「なんてきれいなバラだ！」と言ったとたんに、あなたはレールに乗っている。
列車は動きはじめている。
「きれい」という言葉で、あなたは昔好きだった女性のことを思い出す。
バラのことは忘れ、美しさのことは忘れ、今やある女性にまつわる印象、白昼夢、空想、思い出が浮かんでくる。
次はその女性のことがほかのさまざまなことにつながっていく。

あなたが愛した女性はきれいな犬を飼っていた。
次から次へと！　もうこうなるときりがない。
心の仕組みを、その働き方をよく知って、そのメカニズムを使わないことだ。
その誘惑に抵抗しなさい。
それは大きな誘惑だ。
なぜなら、あなたはそのように訓練されているからだ。
あなたはほとんどロボットのように動く。
自動的な動きだ。
教育界に到来している新たな革命はいくつかの提言をしている。
ひとつの提言によると、幼い子供は最初に言葉を教えられるべきではない。
彼らにはまず視覚を結晶化させ、経験を結晶化させる時間が与えられるべきだ。
例えば、象がいると、あなたは子供に「象はいちばん大きな動物だ」と言う。
あなたは別に無意味なことを言っているつもりはない。
それはまったく理に適ったことだ、子供は事実を教えられるべきだ、とあなたは考える。
だが、事実は教えられなくてもいい。
それは経験されるべきだ。
「象はいちばん大きな動物だ」と言ったとたんに、あなたは象とは無関係なものを持ち込んでいる。
どうして象は最大の動物だと言うのだろう？　事実とは無関係な比較が入り込んでいる。
象はただ象であって、大きくはないし小さくもない。
もちろん、それを馬の横に並べたら、象は大きい。

あるいは蟻の横なら、象はとても大きい。
だが、象はいちばん大きな動物だと言ったとたん、あなたは蟻を持ち込んでいる。
あなたは事実とは関係のないなにかを持ち込んでいる。
あなたは事実をねじ曲げている。
比較が入り込んだ。
子供に自分の目で見させなさい。
なにも言ってはいけない。
彼に感じさせなさい。
子供を庭に連れ出したら、木々は緑だなんて言わないこと。
子供に感じさせ、彼に吸収させなさい。
簡単なことでさえ、「この草は緑だ」とさえ言ってはいけない。
私の観察によれば、草は必ずしも緑ではないが、あなたはいつもそれを緑色として見ている。
緑色にも何千という色合いがある。
木々は緑だと言ってはいけない。
そうしたら子供は緑しか見なくなる。
どんな木を見ても緑にしか見なくなる。
緑はひとつの色ではない。
それには何千という色合いがある。
子供に感じさせなさい。
子供に吸収させなさい。
一本一本の木、いやそれどころか、一枚一枚の木の葉のユニークさを。
彼に吸い取らせなさい。
子供を現実《リアリティ》、その事実性、実存を吸い取るスポンジのようにならせなさい。

そして子供がしっかりと地に着いて、その経験が十分に根を張ったとき、そこで初めて言葉を教えなさい。
もはや言葉は彼の妨げにはならない。
もはや言葉は彼の見る力、彼の明晰さを台無しにしない。
もはやそれに惑わされることなく言葉を使うことができる。
今のところ、あなたは自分の言葉にしじゅう惑わされている。
では、なにをしたらいいのか？　名前をつけず、レッテルを貼らず、「良い」とか「悪い」とか言わず、分けないで、ものごとを見るようにしなさい。
ただ見るだけで、どんな判断も、非難も、賞賛も、いっさいしないで、その事実を自分の前に置いておきなさい。
丸裸のまま、それをそこに置いておきなさい。
たんにそれと向かい合いなさい。
言葉を使わないということを、もっともっと学ぶようにしなさい。
条件付けを、内側の不断のおしゃべりを捨てなさい。
これは急にはできない。
あなたは少しずつゆっくりやっていくしかない。
そうやって初めて、最後の最後になって、自分の心を見守ることができるようになる。
「私はこの心ではない」などと言わなくていい。
それが事実であっても、それを言ってなんになる？　あなたは心ではない。
心ではないなら、自分は心ではないと言い聞かせてなんになる？
いくら言い聞かせても、それは実感を伴うものにはならない。
見守りなさい、なにも言わずに。
心は途切れのない交通の騒音のようにそこにある。
それを見守りなさい。

傍らに座って見ていなさい。
見なさい、これが心だ。
どんな対決姿勢もとらなくていい。
ただ見守っていたら、その見守ることによって、ある日突然、意識が転換し、変化し、根本的な変革が起きる。
あなたが見守っていると、突然、それは客体から主体へと焦点を合わせはじめる。
その瞬間に、自分は心ではないことがわかる。
言えばいいというものではない。
それは理論ではない。
その瞬間、あなたは知る。
パタンジャリがそう言っているからではない、あなたの理性が、知性がそう言っているからでもない。
まったくなんの理由もなく、それはただそうだ。
その事実性があなたに押し寄せてくる。
その真実があなたの前に姿を現す。
ふと気がつくと、あなたは心からはるか遠くへ離れている。
どうして自分は心だと信じられたのか、自分は体だと信じられたのか、あなたは笑いだす。
まったくばかげたことに思える。
そのあまりの愚かさをあなたは笑い飛ばす。
「心と体に同化しないこと……。私はいまだそのやり方がわかりません」
だれが「そのやり方」を尋ねているのか？
それをよく見なさい。
だれが「そのやり方」を尋ねているのか？
それは操作しようとする心、支配しようとする心だ。

今や心はパタンジャリさえ利用しようとしている。
今や心は言う、
「まったくそうだ。自分は心じゃないって、よくわかったよ」
そして自分は心ではないと理解したとたんに、あなたは超強力な心《スーパー・マインド》になる。
心のなかに強欲が起こってくる。
心は言う、「わかったよ。だったら超強力な心になればいいんだ」
究極、至福を求める強欲、永遠に入りたい、神になりたいという強欲が心のなかに起こってくる。
心は言う、「さあ、ぼやぼやしていられないぞ、その究極とやらを手に入れないと」
心は尋ねる、「そのやり方は？」
いいかな、心はつねにやり方を尋ねる。
「やり方」は心の質問だ。
というのも、「やり方」はテクニックだからだ。
「そのやり方はなにか」とは「支配し、操作できるように、その方法を教えてほしい。そのテクニックを教えてほしい」ということだ。
心は技巧家《テクニシャン》だ。
「テクニックさえ教えてくれたら、それができるはずだ」
気づきにテクニックはない。
気づくには気づくしかない。テクニックはない。
愛のテクニックとはなにか？
愛を知りたければ愛するしかない。
水泳のテクニックとはなにか？
あなたは泳ぐしかない。
もちろん最初のうちは、あなたの泳ぎはちょっとぎごちない。
だんだんあなたは覚えていく……

が、泳ぐことによって覚えるのだ。
ほかにやり方はない。
だれかが「自転車に乗るテクニックはなんですか？」と尋ねたら、あなたが自転車に乗ることができて、自転車の乗り方を知っていても、だれかに尋ねられたら、あなたは肩をすくめるしかない。
あなたは言う、「口で言うのは難しい」
そのテクニックとはなにか？
二輪でどうやってバランスをとるのか？
あなたはなにかをしているはずだ。
あなたはなにかしているが、それはテクニックというよりも、むしろコツだ。
テクニックは教えられるが、コツは体得するしかない。
テクニックは教えとしてまとめることができるが、コツは身につけることはできても教えることはできない。
だから少しずつ覚えていきなさい。
そしてあまり複雑でないものから始めること。
いきなり複雑すぎるものに飛びつかないこと。
これは最終的な、いちばん複雑なことだ――
心に気づくこと、心を見て、自分は心ではないと知ることは。
自分はもはや体ではない、もはや心ではないと見抜くこと、それは最終的なことだ。
飛ばしてはいけない。
小さなことから始めなさい。
あなたは空腹を感じている。
その事実を見るがいい。
どこに空腹感があるか？
あなたのなかか、あるいはあなたの外側のどこか？

目を閉じて、内側の暗闇を探り、どこにその空腹感があるか、感じ、触り、突き止めようとしなさい。
頭痛がしている。
アスピリンを飲む前に、簡単な瞑想をやってみなさい。
アスピリンはいらなくなるかもしれない。
目を閉じて、頭痛が正確にどこにあるか感じ、それを特定し、それに集中しなさい。
それが想像していたほど大きなものではなく、頭全体に広がっていないことに、あなたは驚くかもしれない。
それには座があって、その座が絞り込まれるほど、あなたはそれと距離ができてくる。
頭痛の範囲が広いほど、あなたはいっそうそれに同化する。
より明確化し、集中し、限定し、区別し、局所化すると、あなたはいっそう遠ざかっていく。
やがてそれが針の先ほどになる時点がやって来る。
完全に焦点が合う。
そこであなたはいくつかの一瞥を得る。
ときにはその針の先が消えてしまう。
頭痛がなくなる。
あなたは驚く、「どこへ行ったんだろう？」
またそれが戻ってくる。
再び集中する。
またそれが消える。
完全に焦点が合うと、頭痛が消える。
というのも、完全に焦点が合うと、あなたは頭から遠ざかるためで、頭痛を感じられなくなるからだ。
やってみなさい。

小さなことから始めなさい。
あわてて最後のものに飛びつかないこと。
パタンジャリもまた、このヴィヴェカ、識別、気づきの経文《スートラ》へと到るまでに、長い道のりを旅してきた。
彼は準備として、基本要件として、欠くことのできないものとして、多くのことについて語ってきた。
そのすべてを満たしていないと、自分を心と体に同化させないことすら、あなたには難しい。
だから、そのことで「やり方」を尋ねてはいけない。
それは「やり方」ではけっしてない。
それはただ理解することだ。
私の言うことを理解したら、そのまさに理解のなかで、あなたにはその要点が見える。
私はそれが理解できるとは言わない。
それが見えると言う。
なぜなら、「理解できる」と言ったとたんに、知性が入り込んで、心《マインド》が働きはじめるからだ。
「それを見る」ことは心とはまったくかかわりがない。
たまに寂しい道を歩いていて、日が沈み、暗闇が迫ってきたとき、不意に、蛇が道を横切っているのを見る。
そんなとき、あなたはどうするだろう？　それについて考え込むだろうか？
なにをなすべきか、いかにすべきか、だれに聞くべきか、考えるだろうか？
あなたはただ道の脇へ飛びのく。
この飛ぶことが見ることだ。
それは知的な活動とはかかわりない。

それは思考とはかかわりない。
あとで考えるにしても、今の今、それは見ることだ。
蛇がいるというその事実、蛇に気づいたその瞬間、あなたは道の脇へ飛びのく。
そうせざるをえない。
というのも、心には時間必要だが、蛇には時間はいらないからだ。
あなたは心に頼らないで飛びのくしかない。
心はプロセスだ。
蛇はあなたの心より早い。
蛇は待ってくれないし、身の処し方を考える余裕を与えてくれない。
突然、心は脇に置かれ、あなたは無心から働く。
あなたは存在から働く。
重大な危機ではつねにこれが起きる。
人びとが危険に惹かれるのはそのためだ。
車を猛スピードで飛ばし、時速160キロかそれ以上で走る、そのスリルとはいったいなにか？　それは無心のスリルだ。
時速160キロで車を走らせているとき、考えている余裕はない。
あなたは無心で動くしかない。
なにかが起こり、それについて考えはじめたら、それでお終いだ。
あなたはただちに動くしかない。
一瞬もむだにできない。
だから車のスピードが早ければ早いほど、心はなおさら脇に置かれて、あなたは深いスリルを、生きている強烈な感覚を味わう。
今まで死んでいたあなたが、突如すべての鈍さを落とし、自分のなかに生命力が湧いてきたかのように。
危険には深いうっとりするような魅力があるが、その魅力は無心から来るものだ。

それが木のそばや川べりや、あるいはただ自室に坐ってできるなら、そのような危険を冒さなくてもいい。
それはどこにいてもできる。
ただ心を脇に置いて——どこであれ心を脇に置ける場所で——心の干渉を受けずにものごとを見ればいい。
こんな話を聞いた——

　ある人類学者がジャワ島で、あまり世に知られていない、ある風変わりな葬儀を行う部族に遭遇した。ある人が亡くなって、60日間土中に埋められ、それから掘り出された。死者は暗い部屋の冷たい石板の上に安置され、部族のとびきりきれいな20名の乙女たちが、死者のまわりで3時間にわたって、一糸まとわぬ姿で官能的なダンスを踊った。
　「どうしてこんなことをするんですか？」と人類学者は部族の長に尋ねた。
　族長は答えた、「これでも目を覚まさなければ、その人は死んだということじゃよ！」

それが禁じられたことの魅力なのかもしれない。
セックスが禁じられたら、それは魅力的なものになる。
というのも、許されることはすべて心の一部になるからだ。
これを理解してみなさい。
許されることはすべて心の一部になる。
それは心のなかに組み込まれてしまっている。
あなたが自分の妻または夫を愛するのは当然のことだ。
それは心の一部になっている。
だが、あなたが他人の妻に興味を持ちはじめると、それは心の一部にはなっていない。
それは心のなかに組み込まれていない。
それはあなたに一定の自由を、社会の軌道から外れる一定の自由を与える。
その軌道上にいたら、なにもかもが便利で、なにもかもが快適だが、同時になにもかも死んでいる。
あなたは他人の妻にすっかり心を奪われてしまう。
夫は彼女に飽きているかもしれない。
彼は再び生きている実感を味わうために別の道を探しているかもしれない。
ことによったらあなたの妻に興味を持っているかもしれない。
相手の女性や男性が問題なのではない。
問題は禁じられていること、許されていないこと、不道徳であること、抑圧されていることだ。
それはだれもが認める心の一部になっていない。
それはあなたの心のなかに取り込まれていない。
その人がたやすく無心になれるのでないかぎり、このような魅力はなくならない。
このことでなによりもばかげているのは、このような魅力は、道徳的、潔癖、宗教的を自認する人たちによってつくられたということだ。
彼らがなにかを拒絶すればするほど、それはいっそう魅力的なもの、いっそう興味をそそられるものになる。
なぜなら、それはあなたに世間の常道を外れる機会を与えてくれるからだ。
それはあなたに社会の外の場所に逃げ出す機会を与える。
そうでないかぎり、社会がどこまでも続き、あなたを四方八方から取り囲んでいる。
妻とセックスをしているときでさえ、社会がそばに立って見張っている。
プライバシーのなかにも社会が入り込み、他の場所となんら変わりがしない。
なぜなら、社会はあなたの心のなかに、あなたの心に書き込まれたプログラムのなかにあるからだ。
そこから、それは機能しつづけている。
それはとても巧妙な装置だ。
だれでもたまに許されないことをしてみたい、いつも「ノー」と言うよう強いられていることに「イエス」と言ってみたい、自分自身に逆らってみたいという欲求にかられるものだ。
なぜなら、その「自分自身」とは、社会があなたに与えたプログラムにほかならないからだ。
社会が厳格であればあるほど、いっそう反逆が起こりやすくなる。
社会が自由であればあるほど、反逆は起こりにくくなる。
反逆者がもはや必要とされず、彼らがいなくなった社会を、私は革新的な社会と呼ぶ。
どんなことも拒絶されず、それに病的な魅力がなくなった社会を、私は自由な社会と呼ぶ。
社会が麻薬に反対すると、麻薬があなたを惹きつける。
というのも、それはあなたに心を脇に置く機会を与えるからだ。
あなたは心を大きな負担に感じている。
いいかな、これはなにも自殺的にならなくてもできる。
社会が許さないことをやっているとき、あなたが感じるスリルは無心の状態から来ているが、それにはとても大きな代償が伴う。
壁の後ろに隠れてタバコを吸っている幼い子供たちを見てみな

さい。
彼らの顔をよく見なさい。
いかにもうれしそうだ。
彼らは咳き込み、目に涙を浮かべている。
というのも、煙を吸い込んでまた吐き出すなんてばかげているからだ。
私はそれを罪だとは言わない。
罪だと言ったとたんに、それは魅力的なものになる。
私はただ、それは愚かしい、なんの知性もないことだと言う。
だが、タバコを吸っている幼い子供を見てみなさい。
彼の顔をよく見なさい。
おそらくひどく苦しがって、呼吸器が変調をきたし、吐き気を催し、涙が出て、緊張しているが、それでも許されないことができるというのでうれしくてたまらない。
自分の心の一部ではないこと、すべきでないことがやれる。
彼は自由を感じる。
これは瞑想を通じてごく簡単に手に入れられる。
そんなに自殺的な道を歩まなくてもいい。
心を脇に置くことを学べば……。
あなたが生まれたとき、あなたに心はなかった。
あなたは心を持たずに生まれてきた。
人生の数年間を思い出せないのはそのためだ。
最初の数年間、3年、4年、5年を、あなたは思い出すことができない。
なぜか？
あなたは存在していた。
どうして思い出せないのか？

心がまだ結晶化していなかったからだ。
あなたが過去にさかのぼっていくと、4歳頃に起こったことは思い出せても、そこで急に空白が生じ、もっと深く入っていけない。
なにがあったのか？
あなたはそこにいたし、とても生き生きとしていた。
じつのところ、二度とないほど生き生きとしていた。
というのも、科学者によれば、子供は4歳の時点で、一生のあいだに出合う知識の75パーセントを覚え、知り、見てしまっているからだ。
4歳で75パーセントだ！　あなたはすでに人生の75パーセントを生きてしまっているのに、なんの記憶もないとは？
それは心がまだ結晶化していないからだ。
言葉を覚えてはいなかった。
ものごとはまだ分類され、ラベルを貼られていなかった。
ものごとにラベルを貼ることができなかったら、それを覚えることはできない。
どうやって覚えるのか？
あなたはそれを心のどこかにしまっておけない。
それに名前がついていないからだ。
だから最初に名前を覚えないといけない。
それから記憶することができる。
子供は心を持たずに生まれてくる。
私はなぜこの点を強調するのか？
あなたの存在は心がなくても存在できる、と言いたいからだ。
心がそこになければならない必然性はない。
それは世の中では有用な仕組みだが、その仕組みに固執しすぎてはいけない。

それから抜け出せるようにゆったりとしていなさい。
それは難しいが、やりはじめたら、だんだんとできるようになる。
会社から家に帰るとき、途中で会社を完全に落とそうとしてみなさい。
自分は家に帰るのだということを、くり返しくり返し思い出しなさい。
会社を家まで持ち帰らなくてもいい。
会社のことは思い出さないようにしなさい。
自分がまた会社のことを考えている現場を捕らえたら、すぐさまそれを落としなさい。
その外に出なさい。
それから抜け出しなさい。
家にいるときには家にいることに徹しなさい。
そして会社では家庭、妻、子供たち、いっさいがっさいをすっかり忘れなさい。
心を使っても心には使われないことを、だんだんと学んでいきなさい。
あなたが眠りについても、心は続いている。
何度も何度もあなたは言う、「止まれ！」
だが、心は耳を貸さない。
なぜなら、あなたは自分の言うことを聞くように、それをしつけていないからだ。
そうでなければ、あなたが「止まれ！」と言った瞬間、それは止まるはずだ。
それはメカニズムだ。
メカニズムは「いやだ！」と言えない。
扇風機のスイッチを入れたら、それは回るしかない。

スイッチを切ったら、それは止まるしかない。
扇風機を止めても、それは「いやだ！　もう少し回っていたいんだ」とは言わない。
それはバイオコンピュータだ、あなたの心は。
それはとても精密なメカニズムで、とても役に立つ。
とてもよい奴隷だが、とても悪い主人だ。
だからもう少し注意深くなりなさい。
もっとよく見るようにしなさい。
毎日わずかなひとときを、都合がつけば数時間、心なしで過ごしなさい。
たまに川で泳ぐことがあったら、岸に服を脱いでいくときに、そこに心も置いていきなさい。
実際、心も脱ぎ捨てるしぐさをし、注意深く、注意深さを発散しつつ、ずっと意識しながら川に入っていきなさい。
だが、私は言葉にしなさいと言っているのではない。
「いや、僕は心じゃない」と自分にくり返し言い聞かせなさいと言っているのではない。
なぜなら、そうしたら、それが心だからだ。
言葉によらない、無言の理解があればいい。
自宅の庭に座って、芝生に寝ころがって、心を忘れなさい。
それはいらないものだ。
子供たちと遊びながら、心を忘れなさい。
それはいらないものだ。
妻を愛しながら、心を忘れなさい。
それはいらないものだ。
食事をしているとき、心を持っていてなんになる？
シャワーを浴びているとき、浴室に心を持ち込んでなんになる？

だんだんと少しずつ……またやりすぎてはいけない。
というのも、やりすぎたら、あなたは失敗するからだ。
度を越してやろうとすれば、それは難しくなり、「そんなことはできない」とあなたは言う。
そうではなく、少しずつやっていくことだ。
こんな話がある——

　コーエンには３人の娘がいた。彼は婿の候補者を必死になって探していた。そんな若者のひとりが地平線に現れると、コーエンはその男をとっ捕まえてきた。豪勢な食事のあと、３人の娘が列になって彼の前に進み出た。長女のレイチェルはだれが見ても不器量で、はっきり言ってひどいブスだった。次女のエスターは器量はそこそこだったが、だれが見ても太りすぎで、はっきり言ってデブだった。末娘のソニアは、だれが見てもきれいで、とびっきりの美人だった。
　コーエンは若者を脇へ連れて行って尋ねた、
「どうだい、あの子たちは気に入ったかね？　娘たちには持参金をつけるから、心配はいらんよ。レイチェルには500ポンド、エスターには250ポンド、ソニアには3000ポンドだ」
　若者はがてんがいかなかった。
「でも、どうしてですか？　どうしていちばんきれいな子に、いちばんたくさんの持参金を持たせるんですか？」
　コーエンは打ち明けてこう言った、
「それはな、こういうことなんだよ。あの子はな、ちょっとだけ、ちょびっとだけ、ほんのちょびっとだけ妊娠してるのさ」

だから、毎日、ちょびっとずつはらんでいくがいい——気づきを。

いっぺんにはらもうとしてはいけない。
少しずつ、ちょっとずつだ。
度を越してやろうとしないこと。
なぜなら、それもまた心のトリックだからだ。
あなたが要点をつかんでも、心がいつも度を越してやろうとするので、結局は失敗してしまう。
あなたが失敗すると、心は言う、
「ほら見ろ、あんなに言ったじゃないか、そんなこと不可能だって」
ごくささやかな目標を立てなさい。
一度に一歩ずつ、もっと小刻みだっていい。
急がなくていい。
生は永遠だ。
だが、心のトリックはこれだ。
心は言う、「さあ、要点はわかったな。すぐにそれをやるんだ。心に同化しないようにしろ」
もちろん、心はあなたの愚かさを笑うことになる。
何生にも渡って、あなたは心を訓練し、自分自身を訓練し、同化してきた。
ここへ来て、急に手のひらを返したように、あなたはそれから抜け出そうとしている。
そんなに簡単にいくわけがない。
少しずつ、小刻みに、ゆっくりと、手探りしながら進んでいきなさい。
そしてあまり多くを求めないこと。
そうでないと、あなたはすっかり自信をなくしてしまう。
そして自信をなくしたら、心が主人の座に居すわることになる。
人びとはよくそれをやろうとする。
30年間もタバコを吸いつづけた人が、ある日急に、なにを血迷ったか、タバコをきっぱりやめようと決意する。
1時間や2時間は続けられても、やがて大きな欲求が、とてつもない欲求が起こってくる。
彼の全存在の調子がおかしくなり、混乱をきたす。
やがてだんだんと感じはじめる、これはあんまりだと。
仕事が手につかない。
工場で働けないし、会社で働けない。
ほとんど四六時中、タバコを吸いたいという欲求で頭がいっぱいになる。気になってしょうがない。
大きな代償が伴う。
するとまた、なにを血迷ったか、彼はポケットからタバコを取り出し、それを吸いはじめ、ほっと息をつく。
しかし、彼はとても危険なことをしている。
タバコを吸わなかった3時間のあいだに、彼は自分に関してあることを学んだ。
それは自分は無能であり、なにもできず、決めたことを守れず、意志が弱く、意気地がないということだ。
いったんこれが定着すると、そしてこれはだれのなかにもだんだんと定着していく……。
あなたはあるときは禁煙を、あるときはダイエットを、あるときはほかのことを試みて、そのたびに失敗する。
失敗があなたのなかで常態化してしまう。
あなたはだんだんと流木のようになっていく。
あなたは言う、「僕はなんにもできないんだ」
自分にはできないというのなら、ではいったいだれならできるというのか？
しかし、このような愚かなことが起きるのは、心があなたを騙しているからだ。
心はあなたに、多くの練習と訓練が必要なことなのに、ただちになにかをやれと命じた。
そしてあなたに自分は無能だと感じさせた。
あなたが無能なら、心はとても有能だ。
それはいつも釣り合っている。
あなたが有能なら、心は無能だ。
あなたが有能なら、心は有能になれない。
あなたが無能なら、心が有能になる。
それはあなたのエネルギーを食い物にしている。
あなたの失敗を食い物にしている。
あなたの敗北した自己、敗北した意志を食い物にしている。
だからやり過ぎてはいけない。
中国の神秘家のひとり、孔子の高弟の孟子について、こんな話がある——

あるアヘンの常用者が彼のところへやって来て、こう尋ねた、「どうしようもありません。あの手この手と試してみました。すべて最後には失敗してしまいます。私はまったくの敗北者です。どうかお助けください」

孟子は一部始終を知ろうと、その話に耳を傾けて、ようやくなにが起こったかを理解した。彼はやり過ぎていた。孟子は男に1本のチョークを与えると、こう言った、「チョークと同じ重さのアヘンを計って、計ったら『1』と書いて、次は『2』と書いて、そして『3』と書いていきなさい。そうやってアヘンを使った回数を壁に書いていきなさい。1か月したら見に行ってみよう」

男はやってみた。アヘンを吸うとき、それをチョークと同じ重さに計った。そしてチョークは少しずつ、ごくゆっくりと減っていった。というのも、そのたびに『1』と、次は『2』と、その次は『3』と、そのチョークで書かねばならなかったからだ。それはすり減っていった。最初のうちはあまり目立たなかった。そのたびに量が減ってはいったが、ほんのわずかずつだった。1か月後、孟子がその男に会いに行くと、男は笑って言った、「あなたは騙しましたね！　効き目がありましたよ。ほとんどわからないぐらいなので、違いは感じませんが、明らかに減ってきています。チョークは半分なくなりました。その半分のチョークといっしょに、アヘンも半分なくなりました」

孟子は彼に言った、「目標に達したければ、走ってはいけない。ゆっくりと行きなさい」

孟子のもっとも有名な言明のひとつが「達せんとすれば、走るな」だ。

本当に達したかったら、歩くことさえしなくていい。

本当に達したかったら、あなたはすでにそこにいる。

ゆっくりと行きなさい。

世界が孟子、孔子、老子、荘子に耳を傾けていたら、この世界はまったく違ったものになっていただろう。

オリンピックをどのように運営したらいいかと尋ねたら、彼らはこう言っただろう、

「賞は最初に負けた者に与えなさい。一等賞はもっとも早く走る者ではなく、もっとも遅く歩く者に与えなさい。競争はあってもいいが、賞はいちばん遅い者にやりなさい」

人生をゆっくり進んでいくと、あなたは多くのことを成就する。

それも優雅に、威厳に満ちて、品位とともに。

暴力的になってはいけない。
生はいかなる暴力によっても変えることはできない。
巧みになりなさい。
ブッダにはそれを表す特別な言葉がある。
彼はそれをウパヤ、「巧みさ」と呼ぶ。
それは複雑な現象だ。
一歩一歩よく見て、とても注意深く進んでいきなさい。
あなたはきわめて危険な場所を進んでいる。
山のあいだに張られた綱を渡る曲芸師のようだ。
つねにバランスをとりなさい、走ろうとしないこと。
そうでないと確実に失敗する。
「心と体に同化しないこと……。私はいまだにそのやり方がわかりません。私は自分に言い聞かせます、おまえは心ではない、自分の恐れに耳を貸すな、自分自身を愛せ、満足せよ……」
そんなばかげたことはやめなさい。
心に言い聞かせたりしないこと。
というのも、それを言っているのは心だからだ。
それより、静かになって耳を傾けなさい。
静けさのなかに心はない。
言葉のない小さな透き間、そのなかに心はない。
心はとても言語的だ。それは言語そのものだ。
だからその透き間に入っていきなさい。
ときにはたんに眺めなさい。
白痴のように、考えずに見ていること。
たまに白痴とされる人を見に行くといい。
彼らはそこに坐っている。
見ているようでなにも見ていない。

くつろいでいる、すっかりくつろいでいる。
彼らの顔には美しさがある。
緊張はなく、なにをするでもなく、いかにものんびりと、気楽にしている。彼らを見ていなさい。
毎日1時間、白痴のように坐ることができたら、あなたは成就する。
老子は言った、「私以外はみんな賢そうだ。私はまるで白痴のようだ」
もっとも有名な作家のひとり、フョードル・ドストエフスキーは日記に書いた。
彼は若い頃に癲癇《てんかん》の発作を起こし、その発作の後に、初めて現実《リアリティ》というものを理解した。
発作の直後、すべてが静寂に包まれていた。
思考が停止した。
ほかの人たちが薬や医者の手配をしているとき、彼はうれしくてたまらなかった。
癲癇の発作が彼に無心の一瞥をもたらした。
これを知ったら驚くかもしれないが、多くの癲癇患者が神秘家になり、多くの神秘家が癲癇の発作を起こした——
ラーマクリシュナでさえ。
ラーマクリシュナはよく発作を起こした。
インドではそれは「発作」と呼ばない。
それは「サマーディ」と呼ばれる。
インド人は賢い人びとだ。
どうせ名前をつけるなら、どうしていい名前をつけない？
「無心」と呼べば、それはとてもよいものに見える。
私が「白痴になれ」と言ったら、あなたは困惑し、不安になる。
私が「無心になれ」と言ったら、なんの問題もない。

だが、それはまったく同じ状態だ。
白痴は心より下で、瞑想者は心より上だが、どちらも心がない。
私は、白痴はまったく同じだと言っているのではない。
似たところがあると言う。
白痴は自分の無心に気がついていないが、無心の人は自分の無心に気がついている。
違いは大きいが似ている点もある。
狂人と悟りを開いた人にはある類似点がある。
スーフィー教では悟りを開いた人は「狂った人」と呼ばれる。
彼らは狂った人として知られている。
彼らはある意味で狂っている。
彼らは心の外へ飛び出した。
少しずつゆっくりとそれを学んでいきなさい。
ほんの数秒でも、このすばらしい白痴の状態を味わえたら……。
あなたはなにも考えず、自分がだれなのかわからず、
自分がなぜいるのかわからず、いっさいなにもわからない
深い無知識の状態にある。
深い無知、無知の深い静寂のなかで、その静けさのなかで、
ある洞察があなたにやって来るようになる。
自分は体ではない、自分は心ではないという。
あなたがそう言うのではない！
それは事実だ。太陽が輝いているように。
そこに太陽があり、輝いている、などと言わなくてもいい。
小鳥が歌っているように。
小鳥が歌っているなどと言わなくていい。
なにも言わず、ただ耳を澄ませて、聞き耳を立て、
小鳥が歌っているとわかればいい。

まったく同じように、少しずつ自分の準備をしていったら、
ある日、あなたは気づくだろう。
自分は体ではなく、心でもなく、自己や魂でさえないことに。
あなたはとてつもない空虚、無、物ではないもの（no-thingness）だ。
あなたはあるが、境界はなく、限界はなく、境目はなく、
定義はない。
そのまさに静寂のなかで、
人は完成へと、生と実在のまさに頂点へと至る。

あとがき

ヨーガの根本経典、パタンジャリのヨーガ・スートラ――これはOSHOの洞察によるものだ。数千年という悠久の時を経て、リアルに、新鮮に甦っている。まったく時間を感じない。
OSHOとパタンジャリが共時性を帯び、結合・統合され、「一《いつ》」に、不可分になっている。カール・ユングの言う、シンクロニシティだ。

大海の波は、視覚に捉えることができるが、その深みのことはわからない。ヒマラヤの頂きは視覚できるが、頂きからの世界が視覚できるわけではない。
この深遠な深み、高次の高み、彼方のことは体験したもの、観《み》たものにしか理解できない。
同じ視点、同じ観点を持った者でなければ、真実は観えない。
本書のなかに、OSHOという同じ視点、観点の架け橋により、数千年という時空を超越し、パタンジャリのクリアなエネルギーが喜々として降り注いでいる。
あなたはオープンな子どものようにわくわくとし、手を大きく開けばいいだけだ。パタンジャリのヨーガ・スートラが洞察を与え、あなた自身の開花のきっかけになることを願ってやまない。

友よ、自己を知ることがヨーガであるならば、それは科学と言える。「科学」とは「知ること」であり、そういう意味だ。
そして科学が、ただ単に科学であるならば、宗教というものもただ単に宗教であるべきだ。
○○教、○○教……という形容は不要でなくてはならない。
ヨーガはそういったものにまったく捕らわれていない。
いま、ヨーガの流れが来ている。
わたしはパタンジャリに同調する。
OSHOに同調する。

心理学博士・ヨーギ　Shunyu.C
近井俊雄

著者について

Oshoの教えは、意味を求める個人的な探求から、今日の社会が直面しているもっとも切迫した社会的および政治的な問題までを網羅しており、ひとつの範疇には収まりません。彼の本は書かれたものではなく、35年間にわたって国際色豊かな聴衆に向って語られた、即興的な講話を記録したオーディオやビデオ・テープから文字に起こされたものです。Oshoのことをロンドンの『サンデー・タイムズ』は「20世紀をつくった千人」のひとりと述べ、アメリカの作家トム・ロビンズは「イエス・キリスト以降、もっとも危険な人」と述べています。

自らのワークについて、Oshoは、新しい種類の人間が誕生するための条件づくりに手を貸しているのだと言っています。彼はしばしば、この新しい人間を「ゾルバ・ザ・ブッダ」——「ゾルバ・ザ・グリーク（『その男ゾルバ』）」のこの世の快楽と、ゴータマ・ブッダの静かな安らぎ、その両方を楽しめる人間として描いています。Oshoのワークのあらゆる局面を通して一本の糸のように貫かれているのは、東洋の時を超えた智慧と、西洋の科学と技術の最高の可能性、その両方を含むビジョンです。

Oshoはまた、現代のペースの速い生活を考慮した瞑想へのアプローチとあいまって、内なる変容の科学への革命的な貢献によっても知られています。彼のユニークな「Oshoアクティブ・メディテーション（動的な瞑想）」は、まず体と心に蓄積されたストレスを解放するように考案されていますので、思考にとらわれない、くつろいだ瞑想の境地を楽に体験することができます。

詳しくは以下をお読みください——

Osho著 Autobiography of a Spiritually Incorrect Mystic（『スピリチュアルな意味で正しくない神秘家の自叙伝』）St. Martin's Press/Griffin刊 320頁 ISBN 0-312-28071-8

Oshoインターナショナル・メディテーション・リゾート

Oshoメディテーション・リゾートは休日を過ごすのに素晴らしい場所であり、より多くの気づき、くつろぎ、そして楽しみに満ちた新しい生き方を個人的に直接体験できる場所でもあります。リゾートはインド・ムンバイの南東約160キロのプネーにあり、世界の100か国以上から毎年訪れる何千人もの人びとにさまざまなプログラムを提供しています。

プネーは繁栄している近代都市であり、多くの大学やハイテク産業の中心地です。メディテーション・リゾートは並木の多い、コレガオン・パークとして知られている郊外の40エーカー（約5万坪）の敷地に広がっています。リゾートには宿泊施設としてビジター用の豪華なゲストハウスがありますし、近くにはさまざまなタイプのホテルや、数日から数か月は部屋を借りることのできる個人所有のアパートがたくさんあります。

プログラムはすべて、毎日の日常生活にクリエイティブに参加できると同時に、静けさと瞑想にもリラックスできる、質的に新しい種類の人間というOshoのビジョンに基づいています。プログラムは近代的で空調設備の整った施設で行なわれ、瞑想の紹介、とくに「Oshoアクティブ・メディテーション（動的な瞑想）」のトレーニングが含まれます。個人セッション、コース、ワークショップは、クリエイティブなアートから個人的な変容、秘教の科学、スポーツやリクリエーションへの「禅」的なアプローチに至るまで、あらゆるものを網羅しています。

リゾート内の野外カフェやレストランでは、リゾート所有の農場でオーガニック栽培される食材を使用した伝統的なインド料理や世界各国の料理を味わえます。詳しい情報とプログラムの説明については www.osho.com/resort をごらんください。

究極の旅●The Search

古来、禅のエッセンスとして、幾多の魂を〈悟り〉の岸へ打ち上げてきた『十牛図』をOSHO禅師の道案内でたどる旅。

定価（本体1800円+税）

ISBN978-4-8397-0002-7

発行　めるくまーる

般若心経●The Heart Sutra

大乗仏教の原点であり神髄である『般若心経』を題材に、もう一人のブッダ和尚ラジニーシが究極の「空」を解き明かす。

定価（本体2000円+税）

ISBN978-4-8397-0007-2

発行　めるくまーる

生・愛・笑い●Life, Love, Laughter

和尚の講話のなかから「生」「愛」「笑い」という３つのテーマを選んで三部構成に編集したブックレット。

定価（本体1200円+税）ISBN978-4-8397-0049-2

発行　めるくまーる

オレンジ・ブック●The Orange Book 和尚ラジニーシの瞑想テクニック集

現代に生きる人々の内的成長を促すよう、東洋の瞑想的アプローチと西洋の心理学的アプローチを統合した瞑想テクニックの数々。

定価（本体1400円+税）ISBN978-4-8397-0025-6

発行　ホーリスティック・セラピー研究所

OSHO:アメリカへの道

●砂漠の実験都市・ラジニーシプーラムの誕生と崩壊の真相

マックス・ブレッカー著／「OSHO:アメリカへの道プロジェクト」訳

インドから新大陸へ渡った偉大な宗教思想家にアメリカはどう反応したか？

定価（本体2500円+税）ISBN978-4-8397-0123-9

発行　和尚アートユニティ

YOGA: THE SCIENCE OF THE SOUL

パタンジャリのヨーガ・スートラ

魂の科学

2007年 4月7日　初版第 1 刷発行

原著者　OSHO

翻　訳　沢西康史　Sw. Anand Sopan

発行人　近井俊雄

発行所　LAF 瞑想社

〒763-0013　香川県丸亀市城東町1-2-36

電話＝0877-58-0056　FAX ＝0877-24-4785

URL : http://www.meiso-sha.co.jp

E-mail : laf@meiso-sha.co.jp

発　売　㈱めるくまーる

〒171-0022 東京都豊島区南池袋1-9-10

電話＝03-3981-5525　郵便振替＝00110-0-172211

制　作　㈱ユニオ・コーポレーション

ISBN978-4-8397-0128-4